Weiler
Bauer

IMMUN
und
GESUND

VdÄ

Prof. Dr. med. Peter Weiler, MSc
Mag. Wolfgang Bauer

IMMUN und GESUND

Starke Abwehrkräfte – auch im Alter

VERLAGSHAUS DER ÄRZTE

Impressum

www.aerzteverlagshaus.at

1. Auflage 2023

ISBN 978-3-99052-305-6

Umschlaggestaltung: Irene Danter
Umschlagillustration: gettyimages/Aleksei Naumov, ANDRII SHESHEL, modif.
Satzkonzeption: Nicole Neiger
Satz: Mag. Christine Dobretsberger
Projektbetreuung & Lektorat: Marlene Weinzierl
Druck & Bindung: 2imPRESS s.r.o., 83104 Bratislava
Printed in Slovakia

Dieses Buch wurde mit den Schriften Playfair Display, Anton, Helvetika Neue LT gesetzt.

Das Werk gibt den Wissensstand der Autoren bei Drucklegung wieder. Autoren und Verlag haben alle Buchinhalte sorgfältig geprüft, jedoch kann keine Haftung für die Richtigkeit und Vollständigkeit der hier publizierten Informationen übernommen werden.

Aus Gründen der leichteren Lesbarkeit – vor allem in Hinblick auf die Vermeidung einer ausufernden Verwendung von Pronomen – haben wir uns dazu entschlossen, alle geschlechtsbezogenen Wörter nur in eingeschlechtlicher Form – der deutschen Sprache gemäß zumeist die männliche – zu verwenden. Selbstredend gelten alle Bezeichnungen gleichwertig für alle Menschen.

INHALT

Wie das Immunsystem funktioniert und wie es altert

Wie Sie das Immunsystem beeinflussen können

VORWORT

Während Sie diese Zeilen lesen, sind Ihre Augen und die entsprechenden Hirnareale höchst aktiv. Aber nicht nur sie. Auch Organe, Zellen, Proteine, Sekrete und diverse Substanzen sind im Einsatz. Sie wachen darüber, dass Ihre Gesundheit nicht beeinträchtigt wird. Und das ist gut so, denn wir befinden uns ständig im Austausch mit unserer Umwelt und haben aus diesem Grund zu jeder Sekunde unseres Lebens Kontakt mit Millionen und Abermillionen von Bakterien, Viren, Pilzen und anderen Mikroorganismen, die im, am und um unseren Körper herum präsent sind. Was wir im Allgemeinen gar nicht wahrnehmen. Auch das ist gut so, denn das Gewusel an Mikroorganismen würde uns ganz schön verwirren oder verängstigen, könnten wir es durch die Luft schwirren sehen oder auf der Haut ausmachen.

Umso besser, dass es Kräfte gibt, die aufmerksam, diskret und von uns unbemerkt im Hintergrund über diese Kontakte wachen. Denn nicht alle Mikroorganismen meinen es gut mit uns. Bakterien, Viren, Pilze und Co können auch krank machen.

Denken wir ...

... an die Erkältungs- oder Grippeviren, die zu Infektionen mit zum Teil schweren Verläufen führen können, oder

... an Bakterien, die im Darm die Verdauung gehörig durcheinanderbringen (z. B. die Clostridien) oder in den Atemwegen Lungenentzündungen verursachen (die Pneumokokken), oder

... an Pilze, die an den Zehen oder im Intimbereich lästige Infektionen verursachen können.

Das waren nur einige Beispiele. Es sind aber zum Glück nur wenige Kleinstorganismen, die Schaden anrichten können, und davon wiederum sind längst nicht alle erfolgreich. Denn wie bereits erwähnt: Der menschliche Organismus verfügt über starke Wächter, Hindernisse und Gegenspieler, die unsere Gesundheit aufrechterhalten, die Problemkeime in Schach halten, abwehren oder gar vernichten – die Rede ist vom Immunsystem.

Das Immunsystem

Zum Immunsystem gehören beispielsweise natürliche **Barrieren**, wie sie die Haut oder die Schleimhäute mit ihren Bakterien-tötenden Stoffen darstellen; gemeint sind auch wichtige **Reflexe** wie Husten oder Niesen, um eingedrungene Erreger wieder auszuwerfen; wir sprechen außerdem vom **Darm**, in dem viele mit der Nahrung aufgenommene Problemkeime bekämpft werden. Nicht zu vergessen die **Abwehr- und Fresszellen** im Blut und im Gewebe, die **Antikörper** und die zahlreichen anderen Komponenten, die auf den Plan gerufen werden, wenn sich gefährliche Erreger nähern oder die eingreifen, wenn Bakterien und Viren, die in uns leben, plötzlich Probleme bereiten.

Sie alle zusammen bilden das Immunsystem, das auf hochkomplexe Art und Weise sowie rund um die Uhr im Einsatz ist, um Schaden abzuwehren bzw. die Gesundheit aufrecht zu erhalten. Dabei schützt es uns nicht nur vor den genannten Eindringlingen und Erregern aus dem Reich der Kleinstorganismen, sondern auch vor Luftschadstoffen, Umweltgiften und entarteten körpereigenen Zellen (Krebszellen), vor den Auswirkungen zu starker Sonneneinstrahlung, vor den Folgen von Kälte, Hitze, Stress und anderen Einflüssen.

Das Immunsystem stellt allerdings keinen Selbstläufer dar, es funktioniert nicht auf Knopfdruck und automatisch wie ein technisches Alarmsystem, das man einschaltet und scharf stellt, mit elektronischen Bewegungsmeldern, aufheulenden Sirenen und einer Eingreiftruppe, die rasch zur Stelle ist. Vielmehr entwickelt es sich vom ersten Lebenstag an kontinuierlich und wird allmählich besser und effektiver. Es unterliegt im Laufe des Lebens zahlreichen Einflüssen, die es stärker machen, die es aber auch schwächen können.

Viele dieser Faktoren können wir beeinflussen, im Positiven wie im Negativen.

Wir haben es daher ein Stück weit selbst in der Hand, wie gut unsere Abwehrkräfte in Schuss sind; wie gut wir beispielsweise durch die Grippezeit kommen oder eine Hitzeperiode überstehen. Und dieses Stück Eigeninitiative und Eigenverantwortung wollen wir mit diesem Buch anstoßen, der Gesundheit und der Lebensqualität zuliebe.

Einen mächtigen Einflussfaktor auf die Qualität des Immunsystems, auf die Stärke der körpereigenen Abwehr stellt das Alter bzw. der Alterungsprozess dar. Kurz gesagt: **Mit zunehmendem Alter lassen die Abwehrkräfte nach.** So wie im Laufe der Jahre und Jahrzehnte die Sehkraft, die Muskelkraft oder die Gedächtnisleistung abnehmen, so ergeht es auch den Abwehrkräften. Es ist erwiesen, dass ältere Personen für Infektionserkrankungen anfälliger sind als jüngere und dass diese Erkrankungen einen schwereren Verlauf nehmen können als in jüngeren Jahren.

Eine schicksalhafte Entwicklung? – Keineswegs! Man kann zwar die Zahl der Lebensjahre nicht zurückdrehen, aber sehr wohl die Qualität des Alterns günstig beeinflussen. Nicht von ungefähr sind manche 60-Jährige fitter und gesünder als viele 30-Jährige. Das gilt auch für das Immunsystem. Auch die Abwehrkräfte können bestens ihre Funktion erfüllen, wenn man das Erwerbsleben bereits hinter sich hat, wenn man mit einem Seniorenticket durch die Lande reist, ja selbst wenn man unter einer altersbedingten Krankheit oder unter Abnützungserscheinungen leidet und regelmäßig Medikamente einnehmen muss. Wie das gehen kann, dazu wollen wir mit diesem Buch einige Anregungen liefern; damit Sie selbst ausprobieren und ausschöpfen können, was Ihr Immunsystem stärker macht, sei es mit Hilfe der Ernährung, mit regelmäßiger Bewegung, mit Kneippanwendungen oder mit Hilfe von Musik.

Wendet sich also das Buch an Menschen im vorgerückten Alter, an die Generation 60 plus oder 65 plus? Ja! Aber nicht nur. Wir möchten vielmehr alle ermuntern, ihr Immunsystem schon früh zu stärken und dadurch mehr Lebensqualität, Gesundheit und Wohlbefinden zu erlangen – ganz gleich, ob sie sich zu den Jungen, Jüngeren, zu den Personen mittleren Alters, zu den Älteren oder den Alten zählen.

Was erwartet Sie in diesem Buch?

In den ersten drei Kapiteln des **allgemeinen Teils** bieten wir Ihnen einen Überblick über die Funktion und den Aufbau des Immunsystems. Sie erfahren, welche Organe, Zellen, Substanzen, Sekrete und andere Komponenten sich im Einsatz befinden, um Bakterien, Viren und andere Erreger aufzuhalten oder zu bekämpfen. Sie erhalten eine Übersicht, welche Faktoren unser Immunsystem schwächen und welche Faktoren es stärken. Und wir erklären, woran Sie erkennen, ob die Abwehrkräfte funktionieren oder ob sie schwächeln. Zuletzt geht es darum, welchen Einfluss das Alter auf die Qualität des Immunsystems ausübt.

Im **Spezialteil** (Kapitel 4 bis 12) geht es um konkrete Möglichkeiten, das Immunsystem positiv in seiner Abwehrarbeit zu unterstützen. Zum Beispiel mit Hilfe der Ernährung, mit Hilfe von Bewegung bzw. Sport, einer guten Schlafqualität, einer ausgewogenen

Balance zwischen Anspannung und Entspannung oder mit Hilfe von Wasseranwendungen nach Pfarrer Kneipp. Auch die positiven Wirkungen der Musik (Musik hören, Musizieren, Singen, Tanzen) kommen zur Sprache. All diese Faktoren haben nachweislich starken Einfluss auf das Immunsystem und somit auf die Gesundheit und Lebensfreude. Welche Auswirkungen chronische Erkrankungen wie etwa Diabetes oder Rheuma sowie deren medikamentöse Behandlung auf das Immunsystem haben, kommen in diesem Teil ebenfalls zur Sprache. Und – zu guter Letzt – gibt es einige Vorschläge, wie gesundheitsbewusste Personen erfolgreich mit der Stärkung ihrer Abwehrkräfte beginnen und langfristig, ja dauerhaft, dabeibleiben können.

Gesundheit in eigener Verantwortung – dieses Anliegen zieht sich durch das gesamte Buch. Wir möchten jene Möglichkeiten aufzeigen, die Sie selbst in der Hand haben; mit deren Hilfe Sie aus eigener Motivation, in eigener Verantwortung und mit einfachen Mitteln ein möglichst gesundes und langes Leben genießen können.

Bei einigen Kapiteln des Spezialteils haben uns externe Expertinnen und Experten mit ihrem Fachwissen unterstützt und überaus wertvolle Inputs geliefert. Unser ausdrücklicher Dank gilt daher (in alphabetischer Reihenfolge) der Ernährungswissenschafterin Dr. Karin Buchart, dem Sportmediziner Dr. Robert Fritz, dem Psychologen Dr. Andreas Kaiser, der Medizinerin und Geigerin Dr. Marie-Christine Klettner und der Kneippmedizinerin Dr. Regina Webersberger. Sie werden in den jeweiligen Kapiteln näher vorgestellt. Ebenfalls bedanken möchten wir uns bei jenen Patientinnen und Patienten, die offen erzählt haben, wie sie trotz Unterdrückung des Immunsystems Infekte vermeiden.

Ein kleines Lexikon der wichtigsten Fachbegriffe sowie eine Liste mit Literatur- und Quellenangaben runden das Buch ab.

Wie das Immunsystem funktioniert und wie es altert

1

Aufbau und Funktion des Immunsystems

Ein Schnupfen, der behandelt wird, dauert eine Woche lang. Unbehandelt muss man mit sieben Tagen rechnen.

Diese Binsenweisheit müssen Betroffene allzu oft zähneknirschend zur Kenntnis nehmen. Viele klagen sogar mehrmals im Jahr über eine rinnende Nase, über erschwerte Atmung, Niesen, Husten, Heiserkeit, erhöhte Temperatur und andere typische Symptome eines Schnupfens, in der Fachsprache Rhinitis genannt. Und das, obwohl sie mit verschiedenen Mitteln und Methoden dagegenhalten. Häufig treten die Beschwerden auch noch zur Unzeit auf, zum Beispiel am Wochenende oder im wohlverdienten Urlaub. Vor allem in den ersten Urlaubstagen ist man diesbezüglich besonders anfällig, was als „Leisure Sickness" – Freizeitkrankheit – Eingang in die Medizin gefunden hat. Auch wenn der Schnupfen zu den banalen Erkrankungen bzw. Infektionen zählt, so ist er dennoch lästig, mindert die Lebensqualität zumindest für einige Tage, trübt die Stimmung und vermiest eben vielen den Urlaub.

Andere bleiben so gut wie immer von einem Schnupfen verschont, auch wenn ihr Umfeld in Familie und Büro hustet und niest oder wenn sie ihre verschnupften Angehörigen betreuen und versorgen. Die ansteckenden Keime scheinen bei diesen Personen regelrecht abzuprallen. Warum ist das so? Was haben sie, was die anderen nicht haben? – Halten die Gesunden und Fitten wichtige hygienische Grundregeln ein? Haben sie vielleicht einfach nur Glück? Alles durchaus möglich. Aber vieles spricht dafür, dass sie neben Glück und Hygienebewusstsein über ein gut funktionierendes Immunsystem, über effiziente Abwehrkräfte verfügen. Was aber ist das für ein System? Welche Kräfte sind da am Werk?

Was heißt eigentlich „immun"?

Dem Duden zufolge bedeutet das Eigenschaftswort „immun", dass jemand für bestimmte Krankheiten unempfänglich, also gegen Ansteckung gefeit ist. Immun sein bzw. Immunität zu besitzen heißt daher, dass ein Mensch in der Lage ist, sich gegen Angriffe wie diejenigen von Viren, Bakterien, Pilzen usw. erfolgreich zur Wehr zu setzen. Diese Angreifer und Unruhestifter werden vereinfacht gesagt als Antigene bezeichnet, die der Körper als fremd erkennt und zumeist bekämpft. Unter anderem mit Antikörpern, die er im Rahmen einer Immunreaktion selbst bildet.

Das Immunsystem stellt ein komplexes System aus zahlreichen Bestandteilen und Komponenten dar, wie weiter unten zu lesen sein wird. Sie alle müssen optimal zusammenspielen. Und das rund um die Uhr, denn unser Immunsystem ist permanent im Einsatz, ob wir arbeiten, schlafen, Sport betreiben oder uns im Urlaub befinden. Ständig sind wir von Erregern umgeben; immer gilt es, diese aufzuspüren, zu identifizieren, sie abzuwehren oder zu vernichten. Oder sie einfach nur in Schach zu halten, was für viele Keime gilt, die sich dauerhaft in unserem Körper befinden. Die wissenschaftliche Disziplin, die sich mit den Abwehrkräften beschäftigt, nennt man übrigens Immunologie.

Nebenbei bemerkt: Die Immunität von Politikern stellt keine medizinische Kategorie dar. Mit diesem Begriff ist vielmehr der verfassungsrechtlich garantierte Schutz vor Strafverfolgung während der Ausübung ihrer politischen Tätigkeit gemeint, aber das wussten Sie sicherlich und ist eine ganz andere Geschichte ...

Angeboren und erworben

Eine hilfreiche Annäherung für ein besseres Verständnis besteht darin, das Immunsystem in ein angeborenes – unspezifisches – Immunsystem und in ein erworbenes – spezifisches – Immunsystem zu unterteilen.

Das **angeborene Immunsystem** meint jene Abwehrkräfte, die von Geburt an vorhanden sind und immer dann auf den Plan gerufen werden, wenn es zum Kontakt mit Bakterien, Pilzen, Viren und anderen Erregern kommt. Gemeint sind in erster Linie körperfremde Erreger, wie etwa die Rhinoviren, die Verursacher des genannten Schnupfens. Das angeborene Immunsystem reagiert sehr rasch und effizient auf die Kontakte mit den Erregern, kann sich allerdings diese Kontakte nicht merken, auch wenn die Reaktion bzw. Abwehr erfolgreich verläuft. Denn ihm fehlt die Erinnerungsfähigkeit, das so genannte immunologische Gedächtnis.

Die Merkfähigkeit und das Erinnern wiederum stellt eine Spezialität des **erworbenen Immunsystems** dar. Es ist dabei überaus effizient, weil der Erreger von früheren Kontakten bzw. durchgemachten Infektionen bereits bekannt ist, und weil sich das Immunsystem dank der Gedächtniszellen an den Angriff „erinnert". Die Gedächtniszellen bewirken dann die Produktion von Antikörpern und ein Hochfahren des gesamten Immunsystems. Die körpereigene Antwort kann in weiterer Zukunft spezifisch erfolgen, also genau abgestimmt auf diesen im immunologischen Gedächtnis abgespeicherten Erreger.

Wenn unser Organismus mit diesen Eindringlingen bereits zu tun hatte, stellt dies einen großen Vorteil dar. Denn so kann unser Immunsystem wesentlich schneller auf diese Angreifer reagieren – nicht nur durch die Bildung von Antikörpern, sondern durch die gesamte Immunreaktion. Ihr Ziel besteht ja darin, unseren Organismus vor den Eindringlingen und Erregern zu schützen, indem er diese so rasch wie möglich bekämpft und unschädlich macht.

Man kann sich unschwer vorstellen, dass die Abwehr besonders dann effizient ausfällt, wenn das angeborene und das erworbene Immunsystem „zusammenarbeiten“; wenn beide gemeinsam im Einsatz sind. In Kooperation kommt es nämlich zu einer angeborenen Sofortreaktion und auch zu einer erlernten nachhaltigen Reaktion.

Schauen wir uns also einige wichtige Komponenten dieser beiden ineinander übergreifenden Systeme etwas genauer an.

Schützende Barrieren

Da sind zunächst einmal die **Haut**, die **Schleimhäute** und andere **Oberflächenbarrieren** zu nennen. Sie verhindern das Eindringen von Erregern. Das machen sie zum einen auf mechanische bzw. physikalische Art durch eine Vielzahl an Zellen und Zellverbänden, die erst einmal geknackt werden müssen. Zum anderen verstärken Substanzen und Sekrete auf chemische Art und Weise die Abwehr. Auf der Haut ist diesbezüglich die **Talg- und Säureschicht** hervorzuheben, die für Keime nur schwer zu überwinden ist.

Zu den körpereigenen chemischen Waffen zählen der **Speichel**, die **Tränenflüssigkeit** oder die **Magensäure**. Sie befördern die Keime nach außen oder wehren sie ab, wenn sie mit der Nahrung aufgenommen wurden. Auch der Schleim der **Darmschleimhaut** wird in dieser Hinsicht tätig. Überhaupt spielt der Darm eine ganz wesentliche Rolle für das Immunsystem, wie wir im Abschnitt über die Ernährung näher ausführen. Nicht zu vergessen die Reflexe wie Husten oder Niesen, mit deren Hilfe Erreger ausgestoßen werden. Sie sind davor bereits durch Bestandteile der Schleimhaut in den Atemwegen abgeschwächt oder abgetötet worden. Dann gibt es noch Barrieren wie den Lidschlag der Augen oder die Flimmerhärchen der Atemwege usw. Alle diese Komponenten zählen zum angeborenen Immunsystem.

Zelluläre Antworten

Diese unspezifische Abwehr hat weitere Trümpfe im Kasten, um Erreger effektiv abwehren zu können. Sie kommen zum Einsatz, wenn die eindringenden Keime die genannten Barrieren überwinden sollten. Dann werden Zellen wie **weiße Blutkörperchen** (Leukozyten) aktiviert. Sie können körpereigene von körperfremden Strukturen unterscheiden und **Antikörper** bilden. So genannte Granulozyten machen Eindringlinge unschädlich, bei Infektionen kann man daher vermehrt **Granulozyten** im Blut feststellen. Auch **Fresszellen** (Phagozyten) treten auf den Plan: Sie identifizieren die Krankheitserreger und fressen sie förmlich auf, indem sie sich über die Erreger stülpen und sie in ihrem Inneren zersetzen. Ein Vorgang, der Phagozytose genannt wird.

In deren Folge wird eine Kaskade an Reaktionen ausgelöst. Wenn dieser Prozess auf der Haut abläuft, ist er auch nach außen zu erkennen, nämlich als **Entzündung**. Diese stellt an sich keine Krankheit dar, sondern einen in Stadien ablaufenden Prozess, der seit Jahrhunderten bekannt ist. Entzündungsreaktionen wie Überwärmung, Rötung, Schwellung, Schmerz und Funktionseinschränkung sind deutliche Hinweise, dass sich der Körper gegen irgendwas zur Wehr setzt.

Sind die Erreger nach dieser Gegenwehr immer noch aktiv, weil sie sich zum Beispiel zu rasch vermehren konnten, dann wird die **spezifische Abwehr** alarmiert – Abwehrzellen greifen ein. Wesentliche Abwehrzellen sind die **T-Lymphozyten** (auch T-Zellen genannt) und die **B-Lymphozyten** (B-Zellen). T-Lymphozyten entstehen im Knochenmark (wie übrigens auch die Fresszellen) und wandern als noch „unreife" Abwehrkräfte über die Blutbahn in die Thymusdrüse, wo sie zu potenten T-Lymphozyten ausreifen. Knochenmark und Thymus sind daher ganz bedeutende Organe – so genannte **lymphatische Organe** – des Immunsystems, in denen ein wichtiger Teil der Abwehrkräfte „ausgebildet" wird. Die T-Lymphozyten „lernen" dort sozusagen, körperfremde Erreger zu identifizieren.

Die Thymusdrüse befindet sich oberhalb des Herzens im Brustraum und arbeitet bis zur Pubertät am effektivsten. Danach wird sie ständig kleiner und uneffektiver. Sie produziert immer weniger Abwehrzellen, was die abnehmende Immunleistung im Laufe des Alters teilweise erklärt. Doch davon später.

Es gibt übrigens unterschiedliche Typen von T-Zellen. Genannt seien die T-Helferzellen, regulatorische T-Zellen und zytotoxische T-Zellen. Jede dieser Zelltypen hat unterschiedliche Fähigkeiten und Aufgaben im Zusammenspiel der spezifischen Immunabwehr. Auch die B-Lymphozyten entstehen im Knochenmark. B-Zellen können sich zu Antikörper produzierenden Plasmazellen oder zu Gedächtniszellen weiterentwickeln.

Weitere lymphatische Organe

Zuletzt seien noch andere lymphatische Organe erwähnt, die für das Immunsystem wichtig sind: die Milz, die Lymphknoten, die Mandeln und der Blinddarm. Während im Knochenmark und in der Thymusdrüse die Abwehrzellen gebildet werden und ausreifen, bilden sich im Blinddarm von kleinen Kindern B-Lymphozyten. In der Milz wiederum reifen Fresszellen heran, die später Erreger vernichten können.

Mandeln können als mechanische Barrieren fungieren und Erreger aufhalten, wenn diese über Nase und Mund eindringen. Außerdem befinden sich in den Mandeln weiße Blutkörperchen, die Krankheitskeime killen können. Diese sekundären Lymphorgane spielen also bei der Abwehr eine wichtige Rolle. Die Sinnhaftigkeit und die Folgen einer Gaumen- und/oder Rachenmandelentfernung werden daher seit Jahren rege diskutiert und mittels Studien hinterfragt. Die Studienergebnisse sind nicht immer eindeutig und lassen oftmals einen Interpretationsspielraum zu. Die Entscheidung für oder gegen eine Operation hängt jedenfalls von einer genauen Schaden/Nutzen-Analyse ab – eine individuelle und personalisierte Entscheidung, die auch in anderen Bereichen der modernen Medizin immer wichtiger wird.

Der **Blinddarm** stellt ebenfalls ein lymphatisches Organ für das Immunsystem dar, er wird auch als Darmtonsille bezeichnet. Für die Entwicklung des Immunsystems spielt der Wurmfortsatz bereits im Embryonalstadium eine Rolle, mit zunehmendem Alter (Großkinder, Jugendliche, Erwachsene) scheint die Bedeutung als Immunorgan jedoch abzunehmen. Seine Funktionen werden sukzessive von anderen Immunorganen übernommen.

Antikörper und Abwehrkräfte

Zuletzt seien nochmals die Antikörper erwähnt – sie werden auch Immunglobuline genannt. Sie zählen ebenfalls zum spezifischen Immunsystem, also zu jenen Abwehrkräften, die man sich im Laufe des Lebens erwirbt. Sie können sich an eindringende Erreger binden und diese neutralisieren. Oder sie so aufbereiten, dass sie von Fresszellen identifiziert und vernichtet werden können. Bedeutende Antikörper sind die Immunglobuline A, D, E, G und M – IgA, IgD und so weiter genannt.

Kurzum: Ein ganzes Heer an Substanzen, Sekreten, Proteinen, Zellen und anderen Komponenten tritt auf den Plan, wenn Krankheitserreger in unseren Organismus eindringen wollen und ihn zu schädigen drohen. Oft handelt es sich bei den Problemkeimen gar nicht um Eindringlinge, sondern um „natürliche Bewohner" im Körper, etwa um Darmbakterien. Durch irgendein Ungleichgewicht – etwa durch Stress – können sich einige von ihnen über Gebühr oder zu schnell vermehren, können durch nützliche Keime nicht mehr adäquat in Schach gehalten werden und somit Probleme bereiten.

Sehr oft agiert das Heer an Abwehrkräften überaus effektiv und kann Bakterien, Viren und Co erfolgreich abwehren oder ihren Einfluss deutlich mindern. In vielen Fällen geschieht dies, weil sich Teile des Immunsystems an eindringende Erreger von früheren Kontakten bzw. Angriffen erinnern können. Oder weil sie durch Impfungen mit einer geringen Menge der Erreger bereits konfrontiert wurden und nun rasch reagieren können. Über die Rolle von Impfungen wird weiter unten noch die Rede sein.

Die wichtigsten Erreger

Noch ein kurzer Überblick über die Erreger, die die genannten Abwehrkräfte auf den Plan rufen – es handelt sich im Wesentlichen um Bakterien, Viren, Pilze und Parasiten.

Bakterien …

… sind mikroskopisch kleine Lebewesen (Einzeller), die auf der ganzen Welt zu finden sind und die auch den Menschen besiedeln, außen auf der Haut, aber auch innen, zum Beispiel in der Mundhöhle oder im Darm. Es gibt mehrere tausend Arten von Bakterien, von denen viele sehr nützlich sind (etwa für die Mund- oder Darmgesundheit), aber einige können auch Krankheiten hervorrufen – weil sie sich etwa zu stark ausbreiten und vermehren können. Bakterien werden über Tröpfcheninfektion (Husten, Niesen), über Schmierinfektion (die Erreger befinden sich auf Oberflächen) oder über Nahrungsmittel (Salmonellen im Speiseeis, Eiern oder Geflügel) und andere Wege übertragen. Oder sie zählen zu den Bewohnern des Menschen, tauchen aber irgendwo im Körper auf, wo sie nicht hingehören, zum Beispiel Darmbakterien im Harntrakt.

Typische von Bakterien verursachte Infektionen sind: Lungenentzündung durch Pneumokokken, Salmonellose (durch Salmonellen verursacht), Keuchhusten, Cholera, Tuberkulose, Hirnhautentzündungen usw.

Die Therapie gegen bakterielle Infektionen erfolgt vor allem mit Hilfe von Antibiotika.

Viren …

… sind kleinere Mikroorganismen als Bakterien. Sie können sich nur vermehren, wenn sie in lebende (menschliche) Zellen eindringen. Dies gelingt zum Beispiel über Tröpfchen- oder Schmierinfektion, über die eingeatmete Luft oder durch verunreinigte Lebensmittel, aber auch im Rahmen von ungeschütztem Geschlechtsverkehr.

Typische Virusinfektionen sind: Erkältungskrankheiten, Bronchitis, Grippe, Herpes (mehr zum Herpesvirus in Kapitel 10), Masern, Mumps, HIV usw.

Gegen Viren werden spezielle Medikamente – so genannte Virostatika – eingesetzt, aber auch symptomatische Therapien kommen bei Virusinfektionen zum Einsatz, etwa zur Senkung des Fiebers oder zur Reduktion von Schmerzen.

Pilze …

… zählen ebenfalls zu den Bewohnern des Menschen. Sie können dann, wenn andere Mitbewohner und Gegenspieler schwächeln – etwa solche aus den Reihen der Bakterien – so stark werden und sich verbreiten, dass sie Krankheiten verursachen (wie etwa der Scheidenpilz, zumeist vom Hefepilz Candida albicans verursacht). Pilze von außen können zum Beispiel über die Luft, die Haut (wie z. B. der Fußpilz im Schwimmbad) oder die Nahrung (z. B. der Schimmelpilz) übertragen werden.

Gegen Pilze kommen spezielle Anti-Pilz-Medikamente (Antimykotika) zum Einsatz.

Parasiten …

… stellen eine überaus große Familie an Erregern dar. Gemeinsam ist ihnen, dass sie sich von einem Wirt ernähren oder diesen für die Fortpflanzung nutzen und dadurch schädigen können. Zu den Parasiten gehören so unterschiedliche Lebewesen wie Bandwürmer, Läuse, Flöhe, Wanzen, Milben und Zecken. Diese können mit ihrem Stich gefährliche Viren und Bakterien in den Körper einschleusen, die wiederum Krankheiten wie die Frühsommer-Meningoenzephalitis (FSME) oder die Borreliose übertragen. Übrigens hat eine Forschergruppe der Universitätsklinik für Dermatologie der Meduni Wien herausgefunden, wie die Zecken das Immunsystem des Menschen austricksen: Bei einem Zeckenstich hemmt der Speichel der Zecke die lokale Abwehrreaktion der Haut, damit sich Erreger wie Borrelien leichter vermehren können. Gegen die Virusinfektion FSME kann man sich impfen lassen, gegen die von Bakterien übertragene Borreliose nicht.

Die Infektionskrankheiten, die diese Erreger verursachen, können im Allgemeinen gut behandelt werden. Zumindest in unseren Breiten und zumindest dann, wenn die Behandlung frühzeitig einsetzt und effektive Medikamente verfügbar sind. Manche

Krankheiten sind allerdings sehr gefährlich, mit zum Teil schwerwiegenden Folgen. Und manchmal sind sie sogar lebensbedrohlich (wie FSME). Ihre Gefährlichkeit hängt zum Beispiel davon ab, ob bei den Patienten zusätzlich noch andere Krankheiten vorliegen und wie gut das Immunsystem funktioniert. Darum schauen wir uns im Folgenden an, welche Faktoren das Immunsystem stärken und welche es schwächen können.

2

Stärkende und schwächende Faktoren

Wenn man einen Blick ins Internet wirft, fällt auf, dass das Immunsystem ein Thema darstellt, das die Menschen bewegt. Fragt man die Suchmaschine Google, was das Immunsystem stärkt, so erhält man ungefähr zweieinhalb Millionen Einträge. Rund 149.000 sind es, wenn man nach den Faktoren sucht, die das Immunsystem schwächen (Stand: Ende März 2023). Freilich: Hinter vielen Einträgen stecken Geschäftsinteressen. So zum Beispiel, wenn mehrere Nahrungsergänzungsmittel zur Stärkung der Abwehrkräfte genannt werden, die bestimmte Spurenelemente wie Eisen, Zink und Selen enthalten. Auch verschiedene Vitamine werden empfohlen wie Vitamin C und D. Oder pflanzliche Mittel wie Echinacea, bestimmte Pflanzenextrakte oder verschiedene Tees.

Unabhängig von solchen Produkten steht der Verzehr von frischem Obst und Gemüse hoch im Kurs. Sportliche Aktivitäten, regelmäßiges Lüften, ausreichend Schlaf oder Wechselduschen zählen im Netz ebenfalls zu den günstigen Einflüssen auf das Immunsystem. So wie die Vermeidung von Nikotin und zu viel Alkohol. Die Website einer

Versicherung nennt neun Tipps für stärkere Abwehrkräfte, zehn Tipps sind es auf der Website eines Herstellers von Gesundheitsprodukten und so weiter ... Kurzum: Das Immunsystem ist im Internet ein Top-Thema.

Allerdings muss man festhalten, dass man bei der Suche nach probaten Mitteln, Methoden und Verhaltensweisen zur Stärkung des Immunsystems im Internet, aber auch im Buch- und Zeitschriftenhandel, auf gute alte Bekannte stößt. Zumindest für gesundheitsbewusste Menschen sind viele Hinweise und Tipps aus anderen Zusammenhängen vertraut. Wenn etwa jemand danach sucht, welche Mittel die Herzgesundheit fördern oder die Stimmung heben, der findet auch Tipps, die für das Immunsystem gleichermaßen gelten. Es scheint so zu sein, dass viele Maßnahmen,

- die das Herz-Kreislauf-System günstig beeinflussen bzw. umgekehrt die Risiken für Herzinfarkt und Schlaganfall minimieren;
- die uns körperlich und geistig fit und beweglich halten
- und die der Stimmung guttun sowie die Lebensfreude fördern,

auch dem Immunsystem zugutekommen – um nur diese drei Beispiele zu nennen.

Und natürlich gilt auch umgekehrt: Was das Immunsystem stärkt oder fit hält, wirkt sich günstig auf das Herz-Kreislauf-System, die körperliche und geistige Fitness sowie auf die Stimmung aus. Das ist nicht wirklich überraschend, wenn man Gesundheit als Ergebnis von körperlichen, psychischen und sozialen Faktoren versteht, die sich gegenseitig beeinflussen. Und wenn man Krankheit als eine Störung dieser Interaktion betrachtet. Eine Interaktion, die übrigens als biopsychosoziales Modell für Gesundheit oder Krankheit bekannt ist.

Steuerbare Einflussfaktoren

Im Sinne dieser Interaktionen sind auch die folgenden Einflussfaktoren für das Immunsystem zu verstehen. Sie sind vielen Lesern gewiss aus anderen Zusammenhängen bekannt und sind darüber hinaus bei weitem nicht vollständig:

Regelmäßige körperliche Aktivität. Sowohl das Ausdauer- als auch das Kraft- bzw. Kraft-Ausdauer-Training sind für ein starkes Immunsystem von großer Bedeutung. Bereits wenige Minuten schnelles Gehen täglich hat diesbezüglich positive Effekte, weil es das Herz stärkt und Stress abbaut und somit einen guten Boden für die Abwehrkräfte bereitet. Es wirkt beispielsweise positiv auf zahlreiche Botenstoffe im Rahmen der neurohumoralen Regulation – diese spielt eine wichtige Rolle bei der Vermeidung und Behandlung von Herzschwäche. Man weiß außerdem, dass sportliche Belastung eine verstärkte Ausschüttung wichtiger Abwehrzellen bewirkt, wie etwa der T-Zellen und der B-Zellen. Auch die (natürliche) Alterung des Immunsystems kann durch Sport verlangsamt werden. Allerdings kann übertriebener sportlicher Ehrgeiz zu Stressbelastungen führen und den Organismus auspowern, was wiederum das Immunsystem schwächen kann.

Stress bzw. Stressmanagement. Stress ist per se nicht unbedingt ungesund und schädlich (so genannter Distress), er kann auch eine positive Herausforderung darstellen, die anregt und für positive Aktivität sorgt (auch Eustress genannt). Aber zu viel oder zu lang andauernder Stress kann den Organismus schwächen und für Infektionen anfälliger machen. Er kann darüber hinaus zu ungünstigen Verhaltensweisen wie Rauchen, ungesunder Ernährung, verstärktem Alkoholkonsum und dergleichen führen und über diesen Umweg die Abwehrkraft schwächen.

Schlaf. Stress ist es auch, der einen nicht zur Ruhe kommen lässt und den Schlaf raubt, was auf Dauer zu Nervosität, Gereiztheit, schlechter Laune und Antriebslosigkeit führen und so das Immunsystem negativ beeinflussen kann. Ausreichend Schlaf hingegen baut das Stresshormon Cortisol ab und führt zu einer Stärkung des Immunsystems.

Ernährung. Das Immunsystem profitiert von einer ausgewogenen Ernährung. Das heißt Obst, Gemüse, Beeren, Nüsse sowie hochwertige Öle gehören auf den Speiseplan, um die Abwehr zu stärken. Und es gilt, wenig Fleisch, Zucker, Alkohol zu konsumieren. Wichtig ist auch eine gute Darmgesundheit mit einer funktionierenden Darmflora und einer starken Darmschleimhaut. Denn ein großer Teil des Immunsystems ist vom Darm abhängig. In vielen Fällen profitiert das Immunsystem von einer Nahrungskarenz, zum Beispiel dem Intervallfasten. Und vom langsamen Essen und achtsamen Kauen. Wir werden uns weiter unten diesen Zusammenhängen widmen.

Soziale Kontakte. Sie machen aktiv, heben die Stimmung, schützen vor dem Alleinsein und der Einsamkeit. Wenn man in der Gruppe auch noch sportlich aktiv ist (Mannschaftssport, Wandern, Tanzen usw.), tut man sich im Sinne des bereits zuvor erwähnten biopsychosozialen Gesundheitsmodells gleich in mehrfacher Hinsicht Gutes und stärkt damit das Immunsystem. Auch Musik – also gemeinsames Singen, Tanzen, Musizieren – stärkt die Abwehrkräfte.

Wir werden auf diese und andere Faktoren in diesem Buch noch genauer eingehen. Sie interessieren uns vor allem vor dem Hintergrund des Alterungsprozesses. Zunächst geht es um die Frage:

Woran erkennt man ein starkes oder schwaches Immunsystem?

Wer häufig an Husten, Schnupfen und Heiserkeit oder anderen Infekten erkrankt, verfügt aller Wahrscheinlichkeit nach über keine guten Abwehrkräfte. Das gilt auch für Menschen, bei denen diese Erkältungskrankheiten ungewöhnlich lange andauern und nur langsam ausheilen. Ständige Müdigkeit, ein Schwächegefühl, Probleme mit der Haut, Haarausfall, Muskelschmerzen, Appetitlosigkeit, eine schlechte Wundheilung und Verdauungsprobleme können ebenfalls darauf hindeuten, dass die Immunabwehr geschwächt sein könnte.

In diesen Fällen kann es wichtig sein, das Immunsystem positiv zu beeinflussen und negative Faktoren zu minimieren. Zu Letzteren zählen übrigens auch seelische Belastungen durch innere Konflikte, oft unbewusst, Identitätskrisen im Hinblick auf die eigene Orientierung (Sexualität, Religion, politische Richtung usw.). All das kann zu einer Dauerbelastung und damit Schwächung des Immunsystems führen.

EIN PATIENTENBEISPIEL:

IMMUNSCHWÄCHE ZUR UNZEIT

Viele kennen das Phänomen, manche haben es bereits mehrmals erlebt: Der wohlverdiente und heiß ersehnte Urlaub steht kurz bevor, doch bis dahin gilt es für Frau B. aus der Steiermark, noch einen riesigen Arbeitsberg zu bewältigen. Schließlich will sie die Geschäftspartner noch mit den neuesten Informationen versorgen und den Kunden die aktuellsten Angebote unterbreiten, bevor sie für einige Wochen nicht mehr erreichbar ist. Außerdem will sie der Kollegenschaft keine unnötige Arbeit hinterlassen, ja, und zuletzt soll auch der Chef merken, dass man bis zur letzten Minute entsprechend Gas gibt. Da fällt in der letzten Arbeitswoche gewiss noch die eine oder andere Überstunde an und so manche Pause weg. Was soll es, entspannen kann Frau B. dann ohnehin am Meer!

Doch ausgerechnet dort macht sich bald nach der Ankunft ein Kratzen im Hals bemerkbar, die Nase beginnt zu rinnen, der Kopf schmerzt, Frau B. fühlt sich abgeschlagen und müde, das Fieberthermometer zeigt erhöhte Temperatur. So wie man es von den Erkältungen des Winters kennt. Wohl oder übel muss Frau B. für einige Tage das Hotelbett hüten und auf Sonne, Strand und Ausflüge zunächst einmal verzichten. Hat sie sich vielleicht im klimatisierten Flugzeug erkältet oder bei Mitreisenden angesteckt? – Das sind mögliche Erklärungen, aber nicht ausschließlich. Vielmehr scheint das Übel in der Hektik und im Stress der letzten Arbeitstage seinen Ausgang genommen zu haben. Durch die Überbeanspruchung von Frau B. hatten verschiedene Erreger leichtes Spiel. Die Immunzellen und Antikörper konnten bei dem Stress nicht mehr schnell genug reagieren. Wir haben es bereits im vorigen Kapitel erwähnt: dieses Phänomen ist unter dem Namen „Leisure Sickness" – Freizeitkrankheit – bekannt. Ein weitgehend ungefährliches, aber lästiges Zeichen eines zumindest vorübergehenden Immundefizites. Erst mit entsprechender Erholung sollten auch die Abwehrkräfte wieder fit werden.

Zu stark und überaktiv

Das Immunsystem kann aber auch zu stark sein und überschießend reagieren. Etwa wenn es körpereigene Zellen und Eiweiße als fremd einstuft und bekämpft. So etwas geschieht bei den so genannten Autoimmunerkrankungen wie Multipler Sklerose, Rheumatoider Arthritis, Diabetes Typ 1 oder Morbus Bechterew. Auch die Schilddrüse (z. B. Morbus Basedow), die Haut (z. B. Schuppenflechte) oder der Darm (z. B. Morbus Crohn) können davon betroffen sein. Wohlgemerkt: Es handelt sich dabei um körpereigene Strukturen, die fälschlicherweise angegriffen und bekämpft werden; nicht um Fremdkörper, die von außen eindringen. In vielen Fällen behandelt man eine Autoimmunerkrankung mit Hilfe von Medikamenten, die das Immunsystem gezielt unterdrücken – was in der Fachsprache Immunsuppression genannt wird. So wird die Abwehr bewusst geschwächt und kann sich nicht gegen eigenes Gewebe richten, was das Immunsystem allerdings auch für Erreger von außen angreifbarer macht. Eine Immunsuppression ist beispielsweise auch nach einer Organtransplantation angezeigt, und zwar dauerhaft, denn andernfalls würde das Immunsystem gegen das transplantierte Herz, die Lunge oder die Niere vorgehen und die Organe abstoßen.

ZWEI PATIENTENBEISPIELE:

DAS IMMUNSYSTEM DROSSELN

1

Herr R. aus Salzburg hatte vor einigen Jahren eine Organtransplantation. Der Leiter der Selbsthilfegruppe der Herz- und Lungentransplantierten muss seitdem ständig Medikamente einnehmen und die Abwehrkräfte drosseln, damit sein Organismus die Lungenflügel, die er vor einigen Jahren transplantiert bekommen hat, nicht abstößt. Mit Anfang 60 erlitt der einstige Raucher und COPD-Patient (COPD = chronisch obstruktive Lungenerkrankung) einen Pneumothorax. Dabei dringt Luft in den Raum zwischen Lunge und Brustwand, in deren Folge die Lunge in sich zusammenfällt. Eine lebensbedrohliche Situation für alle, denen dies passiert. Ganz besonders bei Patienten, die nur mehr eine eingeschränkte Lungenfunktion haben wie Herr R. Er hat den Notfall nur knapp überlebt. Doch damit nicht genug. Da sich nach dem Pneumothorax sein Allgemeinzustand sukzessive verschlechterte, wurde eine Transplantation nötig. Diese ist gut verlaufen, seither geht es ihm gut, wie er berichtet. Selbst eine Coronainfektion mit der Delta-Variante hat er gut wegstecken können. Allerdings muss er alle drei Monate zur Kontrolle und – wie bereits erwähnt – dauerhaft Medikamente einnehmen, damit es zu keiner Abstoßung des Organs kommt. Seine eingeschränkte Abwehr versucht er durch verstärkte Hygiene (Mundschutz, Desinfizieren usw.) auszugleichen und sich mit diversen Impfungen vor Infektionen zu schützen. Er ist mit seiner Situation zufrieden, sagt er.

2

Ähnlich ergeht es auch Frau G., ebenfalls aus dem Bundesland Salzburg, im Alter von Anfang 60. Auch sie nimmt Medikamente zur Unterdrückung des Immunsystems und zur Besserung ihrer Entzündung. Denn sie leidet seit mehr als 20 Jahren an Rheumatoider Arthritis, bei der das Immunsystem die Gelenke – vor allem an den Fingern und Händen – angreift, was zu einer schmerzhaften Entzündung der Gelenksschleimhaut führt. Auch andere Gelenke und sogar Organe können von dieser Rheumaerkrankung betroffen sein. In ihrer aktiven Zeit als Chefsekretärin ist es ihr schwergefallen, mit ihren entzündeten Fingern und Händen am Computer zu arbeiten, Ordner zu heben und andere Büroarbeiten zu verrichten. Jetzt in der Pension ist es die Arbeit im Haushalt, die Schmerzen bereitet. Auch die Motorik ihrer Hände leidet. Seit Frau G. ihr Immunsystem medikamentös unterdrückt, muss sie aufpassen, keine Infektion aufzuschnappen. Denn sie ist seither anfälliger, etwa für eine Grippe. Wenn sie eine Infektionskrankheit erwischt, verläuft diese meist schwerer als früher, dauert außerdem länger.

Daher hat sie Corona seit Anbeginn sehr ernst genommen und sich dagegen geschützt so gut es ging. Auch sonst unternimmt sie sehr viel, um sich gegen Infekte zu wappnen, aber auch um fit und beweglich zu bleiben. So betreibt sie regelmäßig Nordic Walking, das ihr bzw. ihren Gelenken besser bekommt als das Rheumaturnen. Sie achtet auf eine ausgewogene nährstoffreiche Ernährung, nimmt hin und wieder Akupunkturbehandlungen in Anspruch und schwört auf Wasseranwendungen nach Kneipp. Denn Kälte tut ihr gut. Genauso wie soziale Kontakte, daher engagiert sie sich in der Rheumaliga, der österreichweiten Selbsthilfeorganisation von Rheumakranken. Überhaupt ist sie der Überzeugung, dass alles, was gegen ihre Rheumaerkrankung hilft, auch generell stark macht. Eine tolle Einstellung, denn auch positive Gedanken tragen zur Genesung bei und helfen dabei, sich wohlzufühlen!

Allergien

Auch bei Allergien spielt ein gestörtes und fehlgeleitetes Immunsystem eine Rolle, da es durch die übereifrige Abwehr zu heftigen Reaktionen kommen kann. Diesmal nicht durch Angriffe auf körpereigenes Gewebe wie bei den Autoimmunerkrankungen, sondern als Reaktion auf Fremdkörper, die von außen in den Körper gelangen. Diese sind an und für sich harmlos, werden allerdings vom Immunsystem als problematisch eingestuft und mit einer zum Teil sehr starken Immunreaktion bekämpft. Es wird sozusagen mit Kanonen auf Spatzen geschossen. So macht das Immunsystem gegen Pollen (Gräser, Bäume), verschiedene Nahrungsmittel (Kuhmilch, Erdnüsse), Tierhaare usw. mit einer kräftigen allergischen Reaktion mobil.

Was bei der Abwehr von Bakterien und Viren sinnvoll ist, kann im Fall einer Allergie ein Nachteil sein und den Allergikern das Leben schwer machen. Oftmals ist ihre Tages- und sogar Lebensplanung auf die vorhandene Allergie ausgerichtet, wie zum Beispiel bei den häufig anzutreffenden Lebensmittelallergien. Diese Immunabwehrreaktion kann man mit bestimmten Medikamenten wie Cortison unterdrücken. Bei einer Bienen- oder Wespengiftallergie kann es im Falle eines Stichs sogar zu einer lebensbedrohlichen Situation kommen. Dann muss blitzschnell Adrenalin verabreicht werden, um einen Kreislaufschock zu verhindern.

EIN PATIENTENBEISPIEL:

ALLERGISCHE ÜBERREAKTION

Es war während einer Zugfahrt durch eine blühende Frühlingslandschaft. Die Fenster der Waggons waren an diesem warmen Tag offen, da begann es: Herr B. bekommt juckende, geschwollene Augen, eine rinnende Nase, muss ständig niesen und spürt Juckreiz auch im Gaumen – einfach lästig. Symptome, die dem Autor dieser Zeilen bis dahin unbekannt waren, weil es sich offenbar um keinen grippalen Infekt handelte, sondern es lag irgendetwas in der Luft. Da die Beschwerden auch nach Tagen nicht nachließen, konsultierte Herr B. einen Arzt, der Heuschnupfen diagnostizierte. Medikamente wurden verschrieben, die aber dermaßen müde machten, dass es kaum möglich war, im Schulunterricht die Augen offen zu halten. Nach einigen Wochen ließen die Beschwerden nach und verschwanden irgendwann. Und waren somit vergessen.

Doch im Jahr darauf das gleiche Szenario: Wochenlange heftige Reaktionen in den Augen und Atemwegen während der Monate Mai und Juni, dazu die Medikamente, die unendlich müde machten. Nach einigen Jahren, die den Frühling zu einer Problemzeit stempelten, erfolgte eine Austestung bei einem

Dermatologen, der vor allem die Gräserpollen als Hauptauslöser ausmachte und der eine Hyposensibilisierung einleitete – damals noch mit 25 bis 30 Spritzen pro Saison, die über viele Wochen hindurch verabreicht wurden. Sie enthielten immer höhere Dosen eines Cocktails mit jenen Pollen, auf die man allergisch reagierte. So sollte sich Herr B. schrittweise an die Allergene gewöhnen und ihnen allmählich der Stachel gezogen werden. Was nach drei Jahren „Spritzenkur" mit dutzenden Arztbesuchen und geschwollenen Oberarmen auch halbwegs gelang. Doch während der Gräserpollenzeit benötigte Herr B. nach wie vor medikamentöse Hilfen, wenn auch die Beschwerden nach der Hyposensibilisierung etwas milder ausfielen.

Merklich besser wurde es erst Jahrzehnte später, nach der Übersiedlung in eine Großstadt, in der offenbar die Gräser weniger präsent waren. Nochmals deutlich gebessert haben sich die Beschwerden von Herrn B. erst vor wenigen Jahren – was mit dem vorgerückten Alter zu tun haben könnte. Denn mit den Jahren wird das Immunsystem schwächer. Was im Falle einer Allergie den Vorteil haben kann, dass es nicht mehr so heftig oder gar nicht mehr auf die harmlosen Eindringlinge reagiert. – Dieses Thema behandeln wir im nächsten Kapitel genauer.

FRAGE AN DEN EXPERTEN:

Prof. Dr. Peter Weiler

Kann man die Schlagkraft des Immunsystems messen?

Herr Dr. Weiler, wenn kleine Kinder acht oder zehn Infekte im Jahr haben, dann ist das nicht ungewöhnlich. Im Gegenteil: Die Infekte werden als wichtige Sparringpartner für den Aufbau eines starken Immunsystems betrachtet. – Sind Infekte bei älteren Menschen ähnlich „willkommen"?

Dr. Weiler: Infekte sind in dieser Altersgruppe heimtückischer, haben häufig einen anderen Verlauf, mit anderen Symptomen als in jüngeren Jahren. Oft zeigt sich ein Infekt durch allgemeine Schwäche, Müdigkeit, bis hin zu Verwirrtheitszuständen. Bei älteren Menschen kommt es zum Beispiel häufig zu Harnwegsinfekten, nicht immer mit den typischen Symptomen wie Brennen beim Harnlassen und gehäuftem Harndrang ohne größere Harnmenge usw. Auch ein Harnverhalten kann auftreten – dies besonders bei Männern mit einer vergrößerten Prostata. Selbst eine Pneumonie – also eine Lungenentzündung – kann sich „nur" durch allgemeine Schwäche zeigen, ohne Symptome wie Husten, Auswurf usw. Daher sind Infektionen bei älteren Menschen ernst zu nehmen.

Sollte man bei älteren Personen öfter Fieber messen, um einer verschleierten Erkrankung auf die Spur zu kommen?

Dr. Weiler: Die Körpertemperatur ist bei Älteren auch kein verlässlicher Hinweis; häufig werden in dieser Altersgruppe Schmerzmittel eingenommen, die auch fiebersenkend wirken. Dadurch werden akute Infektionen verschleiert. So werden selbst schwere Lungenentzündungen manchmal erst nach einem Sturzereignis im Krankenhaus diagnostiziert, wo ein Lungenröntgen die Pneumonie zeigt und entsprechende Entzündungswerte im Blut – CRP und Leukozyten – erhöht sind. In Folge eines Sturzes kann es zu einer Fraktur kommen, die operiert werden muss. Und der Infekt, der letztendlich den Sturz durch allgemeine Schwäche verursacht hat, erhöht wiederum zusätzlich das Operationsrisiko. Ein Teufelskreis!

Wann sollten ältere Personen bzw. deren Angehörige einen Arzt rufen?

Dr. Weiler: Tagesschwankungen sind bei älteren Menschen häufig. Wenn es allerdings zu einem auffälligen Leistungsknick kommt, sollte unverzüglich ärztliche Hilfe geholt werden. Oft sind es betreuende Angehörige oder Pflege- und Betreuungspersonen, die den Arzt einschalten. Wenn jemand alleine lebt und sein Zustandsbild verharmlost, kann es zu schweren Verläufen kommen. Immer wieder passiert es, dass ältere Menschen im Rahmen eines Infekts zu Sturz kommen und stunden- oder tagelang in der Wohnung liegen und auf Hilfe warten. Die schwerwiegenden Konsequenzen kann man sich vorstellen … Darum ist ein Notrufarmband absolut empfehlenswert.

FRAGE AN DEN EXPERTEN:

Das heißt, es ist wichtig, Infekte zu entdecken und sie keineswegs zu bagatellisieren. Oder – noch besser – dafür zu sorgen, dass man keinen Infekt bekommt. – Kann man eigentlich seinen Immunstatus überprüfen?

Dr. Weiler: Ja. In der modernen Labormedizin kann man zum Beispiel anhand einer Blutprobe die Antikörper der verschiedenen Klassen IgG, IgM, IgA, IgE messen. Auch die Anzahl sowie den Aktivierungszustand der verschiedenen Immunzellen im Blut kann man bestimmen. Ebenso die Mindestanzahl an weißen Blutkörperchen, allen voran Granulozyten, Monozyten, T- und B-Lymphozyten sowie NK-Zellen, sogenannte Natural-Killer-Zellen. Doch die Zellzahl allein gibt keine ausreichende Auskunft über die Einsatzfähigkeit des Immunsystems. Sie unterliegt Schwankungen, die insbesondere abhängig vom Alter und von klinischen Gesichtspunkten sind.

Welche aussagekräftigen Kriterien für ein starkes oder schwaches Immunsystem gibt es noch?

Dr. Weiler: Neben der rein quantitativen Bestimmung der Immunzellen gibt es auch Untersuchungsmöglichkeiten für die Funktionsfähigkeit der Immunzellen. So kann man etwa die Reaktionsfähigkeit der T-Zellen bestimmen. Diese Untersuchung zeigt an, ob und wie stark sich das Immunsystem mit Erregern wie Bakterien oder Viren auseinandersetzt. Diese Messung der T-zellulären Aktivierung wird auch zur Beurteilung der Aktivität von Autoimmunerkrankungen herangezogen oder auch zur Beurteilung von Abstoßungsreaktionen im Rahmen von Organtransplantationen. Und es gibt noch andere Parameter, die man messen kann.

Welche Personen sollten diese Laborwerte bestimmen lassen?

Dr. Weiler: Nur bei einer kleinen Gruppe von Menschen macht so eine detaillierte Untersuchung Sinn. Es profitieren zumeist Patienten mit seltenen Erkrankungen des Immunsystems bzw. mit immunologischen Defiziten, die an Spezialkliniken betreut werden. So eine Untersuchung von zum Teil hunderten Laborwerten ist im Allgemeinen nicht wirklich nötig.

Es ist aber relativ einfach, durch eine Laboranalyse den Mikronährstoff-Status zu bestimmen, also nachzuschauen, ob der Organismus über genügend Vitamine, Mineralstoffe oder Spurenelemente verfügt. Ist diese Bestimmung relevant für die Schlagkraft des Immunsystems?

Dr. Weiler: Es ist wichtig, dass Vitamine, Mineralstoffe, Spurenelemente in ausreichender Zahl vorhanden sind. In der Medizin sind ja auch Krankheiten beschrieben, die auf Mangelzuständen beruhen. Man sollte daher feststellen, warum es zu diesem Mangel gekommen ist und in weiterer Folge den Mangel beheben, zum Beispiel in Form einer Substitutionstherapie. Das heißt, der Betroffene nimmt für einen gewissen Zeitraum zusätzlich Nahrungsergänzungsmittel, Tabletten, Säfte oder dergleichen zu sich, um den Mangel zu kompensieren bzw. die Speicher wieder aufzufüllen. Danach sollten die Krankheitssymptome verschwinden, es besteht also ein klarer Zusammenhang zwischen Mangel und Fehlfunktion.

FRAGE AN DEN EXPERTEN:

Reicht es nicht, sich ausgewogen zu ernähren?

Dr. Weiler: Im Rahmen einer abwechslungsreichen Ernährung sollte es eigentlich in unseren Breiten zu keinem Mangel kommen. Wenn doch, können dahinter durchaus Störungen liegen, die medizinisch abgeklärt werden sollten. Wenn im Rahmen einer Laboranalyse ein Mikronährstoff-Status bestimmt wurde, sollte die Interpretation jedenfalls von einem Arzt durchgeführt werden. Es kann nämlich durchaus vorkommen, dass das Immunsystem gut funktioniert, obwohl der eine oder andere Mikronährstoff zu wenig vorhanden ist. Und umgekehrt kann der Mikronährstoff-Status der Norm entsprechen, trotzdem kommt es zu häufigen Infekten. Der Zusammenhang zwischen Mikronährstoff-Status und Immunabwehr ist nicht immer eindeutig, weshalb man den Patienten und seine Situation immer individuell betrachten sollte.

3

Wie das Immunsystem altert

Wir alle haben unsere eigenen Erfahrungen mit dem Älterwerden bzw. mit altersbedingten Veränderungen, ob wir uns nun im jungen Erwachsenenalter, in der so genannten Mitte des Lebens oder in der Pension befinden. Wir wissen, wie sich während all der Lebensjahre, die hinter uns liegen, der Körper, der Geist oder die psychische Befindlichkeit verändert haben und sich weiterhin verändern, ob wir diesen Prozess gutheißen, davon profitieren oder darunter leiden. Obwohl wir ein gehöriges Wörtchen mitzureden haben, was die Qualität des Alterns angeht, stellt das Altern an sich einen unvermeidbaren Vorgang dar, der jeden von uns betrifft.

Es ist jedoch trotz aller Unausweichlichkeit kein so selbstverständlicher Prozess, wie es auf den ersten Blick erscheint. Die Anzahl der grauen Haare oder der Gesichtsfalten erklärt noch lange nicht das Spezifikum des Alterns. Und auch die Wissenschaft tut sich schwer, das Altern zu definieren bzw. allgemein anerkannte und hinreichend gute Gründe zu nennen, warum wir eigentlich altern; welchen Sinn es macht. Gerade die Sinnfrage stellt sich, wenn man sich etwa das Wunder der Entstehung und Entwicklung menschlichen Lebens vor Augen führt, von der Befruchtung der Eizelle über die Ausbildung von Organen im Mutterleib und das Phänomen der Geburt bis hin zur Entwicklung verschiedener Fähigkeiten im Kleinkindalter.

Ein unglaublicher Prozess, der trotz aller wissenschaftlicher Erkenntnisse ins Staunen versetzt. Es ist aber auch ein Prozess, den der Organismus nicht dauerhaft aufrechterhalten kann. Denn irgendwann erreicht der menschliche Organismus einen Kipppunkt; dann führt das Leben zum allmählichen Verlust von Funktionen, zum steten Abbau und schließlich zum biologischen Tod.

Was sich im Alter verändert

Es ist nicht schwierig, einige markante Veränderungen zu beschreiben, die mit dem Alter einhergehen:

- Eindeutig sichtbar sind die angesprochenen **Falten** und grauen **Haare**.
- Keineswegs verborgen bleibt das abnehmende **Seh- und Hörvermögen** – was man durch die Verwendung von Brillen und Hörgeräten gut kompensieren kann. Viele erhalten im vierten Lebensjahrzehnt ihre erste Brille und im sechsten Lebensjahrzehnt ein Hörgerät.
- Die geistigen Fähigkeiten, zum Beispiel die **Gedächtnisleistung**, nehmen mit den Jahren ebenfalls ab,
- dafür legt man an **Gewicht** zu, weil man sich weniger bewegt als früher, eventuell schmerzen die Gelenke, außerdem verbrennt der Organismus die zugeführten Kalorien nicht mehr so gut.
- Auch der **Muskelabbau** schreitet mit den Jahren voran, vor allem bei körperlich inaktiven Menschen.
- Mit dem Verlust an Muskeln verliert der **Bewegungsapparat** einen wichtigen Schutz, etwa für die Wirbelsäule – Rückenschmerzen können die Folge sein.
- Dieser Mix aus weniger Muskeln und mehr Körpergewicht bewirkt auch, dass einige Stoffwechselparameter aus dem Lot geraten. Man denke an die zu hohen Werte beim **Blutzucker** und beim **Blutfett** (z. B. Cholesterin). Muskeln stellen nämlich ein wichtiges Stoffwechselorgan dar, das Zucker und Fett effektiv verwertet.

- Und auch der **Blutdruck** geht mit fortgeschrittenem Alter häufig in die Höhe und verbleibt dort, weil zum Beispiel die Blutgefäße an Elastizität verlieren und weil körperliche Aktivität – ein natürlicher Blutdrucksenker – zu kurz kommt.
- Die Produktion der **Sexualhormone** Östrogen (bei Frauen) und Testosteron (bei Männern) geht zurück, mit Auswirkungen auf das Sexualverhalten, aber auch auf die Funktion von Organen und den Bewegungsapparat (Osteoporose, vor allem bei Frauen).

Wir könnten die Liste der Veränderungen und Abbauprozesse noch eine Weile fortschreiben, wenden uns jedoch lieber der Frage zu, was diese Veränderungen für das Immunsystem bedeuten.

Doch davor noch eine Anmerkung: Wir sind uns bewusst, dass wir uns in diesem Abschnitt vor allem auf jene Funktionen beschränken, die nachlassen; die im Alter nicht mehr so effektiv oder so fehlerfrei ablaufen wie in jüngeren Jahren. Wir tun dies, weil diese Sichtweise für unser Thema besonders relevant ist und weil es dem Immunsystem genauso geht. Auch die Abwehrkräfte sind Veränderungen ausgesetzt, auch sie verlieren an Schlagkraft, so dass sich manche gesundheitlichen Probleme im Alter heftiger auswirken als in jüngeren Jahren. Aber: So wie im Alter bestimmte Fähigkeiten und positive Eigenschaften auch zunehmen können – man denke an die Erfahrung, die Weisheit, die Erkenntnis, worauf es im Leben ankommt, die Verantwortung für die eigene Gesundheit, eine Portion Gelassenheit – so möchten auch wir in den folgenden Kapiteln dieses Buches jene Möglichkeiten aufzeigen, die dazu beitragen, das alternde Immunsystem wieder fit zu machen.

Immunoseneszenz – das Alter nagt am Immunsystem

Wir haben es bereits erwähnt: Im Alter besteht eine erhöhte Anfälligkeit für Infekte. Doch nicht nur das, gehäuft kommt es auch noch zu schwereren Krankheitsverläufen, besonders bei Lungenentzündungen und der Grippe. Die Medizin hat für die Alterung des Immunsystems einen eigenen Begriff parat: die sogenannte Immunoseneszenz. Der Begriff **Seneszenz** kommt aus dem Lateinischen und meint das Altern und die damit einhergehenden Veränderungen. Die Verwandtschaft zu Bezeichnungen und Begriffen wie Senior oder Senilität sind nicht von der Hand zu weisen.

Sowohl das spezifische als auch das unspezifische Immunsystem (siehe Seite 17: Angeboren und erworben) sind von der Seneszenz betroffen. Eine wichtige Ursache dafür ist die **Rückbildung des Thymus**. Diese Drüse hinter dem Brustbein ist für die Ausreifung der sogenannten T-Zellen (auch T-Lymphozyten oder Killerzellen genannt) zuständig. Wir haben sie auf den Seiten 19 und 20 beschrieben. **T-Zellen** gehören zur Gruppe der weißen Blutkörperchen (Leukozyten), die zahlreiche Aufgaben in der Abwehrarbeit gegen Viren, Bakterien und auch Krebszellen wahrnehmen. Die Thymusdrüse bildet sich bereits in der Kindheit zurück. Die Folge: Immer weniger T-Lymphozyten reifen heran, ungefähr ab dem 60. Lebensjahr kommt dieser Reifungsprozess endgültig zum Stillstand. Zum Glück sorgt ein körpereigener Mechanismus in Form eines Proteins namens Coronin-1 dafür, dass bereits vorhandene T-Zellen möglichst lange im Körper überleben, indem es deren Zelltod unterdrückt.

Weitere Abwehrzellen

Eine andere wichtige Gruppe an Abwehrzellen, die B-Lymphozyten, entstehen und reifen im Knochenmark. Doch auch dieses unterliegt einem Alterungsprozess: Es kommt zu einer Degeneration und einer Einlagerung von Fettgewebe, die B-Lymphozyten verlieren dadurch an Schlagkraft. Mit zunehmendem Alter werden weniger „naive" B- und T-Lymphozyten zur Verfügung gestellt. Diese naiven Lymphozyten sind reife Zellen, die noch nicht auf ihre Antigene – Angreifer von außen – gestoßen sind und für das Erkennen unbekannter Erreger notwendig sind. Wenn es an diesen Zellen mangelt,

dann hat das ebenfalls Folgen für das Immunsystem. Dann sprechen beispielsweise ältere Menschen weniger gut auf Impfungen an. Impfstoffe werden daher für ältere Menschen speziell modifiziert. So kann es auch vorkommen, dass Auffrischungsimpfungen häufiger nötig sind, um eine ausreichende Immunantwort zu erreichen.
Auch die so genannten „Fresszellen" arbeiten im Alter nicht mehr so effizient. So ergeht es auch den Zytokinen. Das sind maßgebliche Botenstoffe, die für die Kommunikation der Zellen untereinander wichtig sind. Lässt die Kommunikationsfähigkeit nach, dann reagieren die „Fresszellen" immer langsamer und erledigen ihre Aufgaben – nämlich das Ausschalten der Krankheitserreger – sukzessive schlechter.

Der Alterungsprozess des Immunsystems führt zu **Fehlregulationen**, es bilden sich vermehrt entzündungsfördernde Substanzen. Der entsprechende Fachbegriff für diesen Vorgang lautet „Inflammating". Vorliegende Dauerentzündungen wiederum begünstigen die Entstehung von chronischen Krankheiten wie Atherosklerose, Typ-2-Diabetes, Demenz und auch die Entstehung von Krebs.

Allergien im Alter

Einen Vorteil jedoch kann das schwächer werdende Immunsystem im Alter bieten: Allergien können im Alter abnehmen (siehe Patientenbeispiel Herr B. auf Seite 34). Es kommt in solchen Fällen aufgrund der eingeschränkten Abwehr seltener zu einer überschießenden Immunreaktion. Allergien, die teilweise viele Jahre und Jahrzehnte bestanden haben, zum Beispiel gegen Gräser- und Baumpollen (Heuschnupfen) oder gegen Nickel als typisches Beispiel einer Kontaktallergie, können mit zunehmendem Alter an Häufigkeit und Intensität nachlassen, zum Teil auch völlig verschwinden.
Es kann allerdings auch zum gegenteiligen Effekt kommen: Allergien wie ein Heuschnupfen stellen sich erstmals im vorgerückten Alter ein, und das zum Teil mit heftigen Symptomen. Die Pollen fliegen nämlich aufgrund der Klimaerwärmung immer früher im Jahr durch die Luft, die Pollenmenge nimmt außerdem zu – eine steigende Anforderung, der nicht jedes Immunsystem gewachsen ist.

Anders die Gürtelrose (Herpes Zoster genannt). Sie taucht häufig erst im vorgerückten Alter auf. Die Gürtelrose ist eine ansteckende Viruserkrankung, die von den Varizella-Zoster-Viren verursacht wird. Diese sind für die Windpocken im Kindesalter verantwortlich. Nach ihrer Abheilung verbleiben die Viren im Körper und verursachen oft erst Jahrzehnte später im Rahmen einer Schwächung des Immunsystems die Gürtelrose mit zum Teil unangenehmen und schmerzhaften Symptomen. Eine Krankheit, gegen die übrigens eine Impfung schützt. Sie wird in Österreich für Personen ab dem 50. Lebensjahr empfohlen.

Wohlauf mit 100 Jahren

In Japan leben besonders viele Hundertjährige, was Wissenschaftler seit Jahren fasziniert. Auf der Suche nach günstigen Einflussfaktoren wurden und werden immer wieder eine gesunde Ernährung mit Fisch und Gemüse oder ausreichend Bewegung und andere Faktoren genannt, doch diese können das Phänomen nicht ausreichend erklären. Studien belegen zunehmend, dass auch das Immunsystem eine wichtige Rolle spielen dürfte.

Eine **Studie**, die in Yokohama, einer Großstadt in Japan, durchgeführt wurde, zeigte Besonderheiten von Immunzellen, die bei Personen mit mehr als 100 Lebensjahren analysiert wurden. Bei diesen Zellanalysen wurde eine Gruppe von Hochbetagten mit einer Kontrollgruppe von 50- bis 80-Jährigen verglichen. Besonders auffällig war, dass bei den Hundertjährigen eine hohe Anzahl an T-Lymphozyten vorhanden war, also jener Zellen, die für die Abwehr von Infektionen und von Tumorzellen eine wichtige Rolle spielen. Die Forscher haben die CD8- sowie die CD4-positiven Lymphozyten näher betrachtet. Gerade die so genannten zytotoxischen CD4-positiven Zellen bekämpfen Erreger, wie zum Beispiel jene, die die gefährliche echte Grippe hervorrufen. Zusätzlich greifen diese zytotoxischen T-Zellen auch direkt Krebszellen an.

In der Studie zeigte sich, dass der Anteil dieser „Kampfzellen“ bei den über Hundertjährigen deutlich größer war, nämlich 25 Prozent gegenüber zwei Prozent in der jüngeren Gruppe.

Je höher die Anzahl der zytotoxischen T-Zellen ist, umso besser ist der Körper gegen Infekte und verschiedene Krebserkrankungen geschützt. Doch auf diesem Sektor sind viele Fragen noch offen, insbesondere was die Einflüsse von Genetik und Umweltbedingungen betrifft.

Wozu das alles?

Warum altern wir? Was hat das Ganze für einen Sinn, warum setzt nach einem so fulminanten Auftakt zu Beginn des Lebens irgendwann und unausweichlich ein Prozess mit einer immer größer werdenden Störanfälligkeit ein? Ist Altern tatsächlich ein Paradoxon der Evolution oder ein Nebeneffekt der sexuellen Fortpflanzung, wie Forscher vermuten? Demnach scheint uns der Organismus bis zur Fortpflanzung und der Weitergabe der Gene fit zu halten und für optimale Funktionen zu sorgen. Danach dürfte unser Überleben nicht mehr so wichtig sein, Schutzfunktionen nehmen ab, Störanfälligkeiten nehmen zu. Oder können sich gar Eigenschaften und Funktionen, die der Fortpflanzung dienen, im späteren Leben negativ auswirken und gegen uns richten? – Spannende Fragen, die die Wissenschaft beschäftigen und die zum Beispiel in einem Buch von Dr. Karin Gruber (siehe Literaturverzeichnis) aufgegriffen werden.

Wie auch immer! Wir sind jedenfalls der Ansicht, dass wir diesen Prozess günstig beeinflussen können und auch sollten. Und zwar über die Stärkung des Immunsystems! Denn Altern ist nicht nur ein evolutionsbiologischer Prozess, der auf das Ende des Lebens zusteuert, sondern stellt auch einen Prozess dar, der sehr viel Lebensqualität bieten kann.

Humor und Gelassenheit

Dass man dem Älterwerden auch mit einem Quäntchen Gelassenheit begegnen kann, beschreibt der bekannte Schauspieler und Autor Sky Du Mont in seinem Buch „Ungeschönt. Alt werden war auch schon mal schlimmer“ (siehe Literaturverzeichnis). Mit Humor und Offenheit erzählt er, wie er das Älterwerden erlebt. Mathematische Wahrheiten bezüglich seines Alters betrachtet er (Jahrgang 1947) nicht ohne Augenzwinkern. *„Als ich meine letzte Frau kennenlernte, war sie 23, ich war 52. Das heißt, ich war mehr als doppelt so alt wie sie oder: Sie war mehr als 100 Prozent jünger! Inzwischen ist sie 45, ich bin 74. Das heißt, sie ist nur noch um etwa 40 Prozent jünger. In zehn Jahren werden es nur noch 30 Prozent sein oder so. Sprich, der Abstand schmilzt. Vermutlich ist sie irgendwann wesentlich älter als ich.“* Tja! Inzwischen hat Sky du Mont eine andere Frau an seiner Seite. Doch man braucht nicht unbedingt eine jüngere Lebenspartnerin oder einen jüngeren Ehemann, um humorvoll durchs Leben zu gehen.

Glückliche Paarbeziehungen tragen sicherlich zu mehr Gelassenheit und Lebensfreude und damit zu einem gesünderen Altern bei. Leider sind sie nicht jedem vergönnt. Doch niemand ist einzig darauf angewiesen. Soziale Beziehungen jedweder Art – seien es ehrliche, tiefe Freundschaften oder herzliche Verwandte, loyale Arbeitskollegen oder auch nur der regelmäßige Tratsch mit dem netten Nachbarn – können den Alltag unglaublich bereichern und bilden in Summe ein stabiles Netz im Leben eines Menschen. Achten Sie darauf, dass Sie freundliche, positive Menschen in Ihrem Umfeld haben, mit denen Sie auch lachen können (siehe dazu auch das Interview ab Seite 92).

Was Sie darüber hinaus noch selbst beitragen können, um Ihr Wohlbefinden und auch Ihr Immunsystem zu stärken – und das ist sehr viel! –, erfahren Sie im nächsten Teil dieses Buches.

Wie Sie das Immunsystem beeinflussen können

4

Ernährung für das Immunsystem

„Eure Nahrungsmittel sollen eure Heilmittel sein und eure Heilmittel sollen eure Nahrungsmittel sein."

Ein vielzitierter Spruch, der Hippokrates (ca. 460–370 v. Chr.), dem wohl berühmtesten Arzt der Antike, zugeschrieben wird. Er drückt mit einfachen und prägnanten Worten aus, dass Essen mehr ist als Kalorienzufuhr, dass zwischen Ernährung und Gesundheit bedeutende Zusammenhänge bestehen – ein Thema, mit dem sich die abendländische Heilkunde seit jeher beschäftigt. Auch große Medizinsysteme anderer Kulturen wie die Traditionelle Chinesische Medizin (TCM) oder die Indische Heilkunst des Ayurveda betrachten die **Ernährung als wesentliche Säule der Gesundheit**, ja in vielerlei Hinsicht sogar als Therapeutikum, um einen kranken Organismus zu heilen oder wieder in Balance zu bringen.

Doch so einleuchtend und klar der Satz des Hippokrates auch formuliert sein mag, seine Umsetzung ist alles andere als einfach und selbstverständlich. Zu vielfältig, zu unterschiedlich, ja häufig sogar konträr, lesen sich die Ernährungsempfehlungen und -muster der Medizingeschichte und auch der Gegenwart. Man denke nur an die gegenwärtig populären Ernährungsformen wie die Paläo- oder Steinzeiternährung, eine fleisch- und fischreiche Ernährungsform. Völlig anders die vegane Ernährung, die auf sämtliche tierischen Anteile verzichtet. Aber nicht nur beim Thema Fleisch, auch bei Getreide und Milchprodukten scheiden sich in den Ernährungsempfehlungen die Geister.

Breite Zustimmung erfährt hingegen die so genannte Mittelmeerkost oder mediterrane Ernährungsform. Sie wird von zahlreichen Ernährungsexperten als besonders gesunde Form propagiert, ist relativ breit aufgestellt und bietet von vielen wichtigen Nahrungsquellen etwas: viel Gemüse, Früchte, Hülsenfrüchte, hochwertige Fette wie Olivenöl, Milchprodukte (wenig bzw. fermentiert als Käse) und natürlich Fisch; zurückhaltender ist man beim Verzehr von Fleisch und Geflügel. Wein in moderaten Mengen ist ebenfalls erlaubt.

Andere Experten in Sachen Ernährung wären schon damit zufrieden, wenn man nur die größten Brocken der in den Industrieländern grassierenden Fehlernährung reduzieren und durch gesunde Alternativen ersetzen würde. Gemeint ist der Konsum von zu viel Zucker, Salz oder minderwertigen tierischen Fetten. Dieses Trio tritt sehr oft in „versteckter" Form in verschiedenen Nahrungsmitteln in Erscheinung, etwa als Geschmacksverbesserer oder zum Haltbarmachen. So findet man beispielsweise beachtliche Mengen Salz in Dosennahrung und Fertiggerichten, Zucker in Fruchtjoghurts oder im Ketchup. Nicht zuletzt durch diese Beimengungen konsumiert man Zucker, Salz und Fett in größeren Mengen, als Experten empfehlen.

Kalorien versus Bewegung

Beim Blick auf die Ernährungssünden der Gegenwart richtet man besonderes Augenmerk auf die Kalorienzufuhr. Aus gutem Grund. Denn wir essen zu viel. Auch zwischen den Mahlzeiten snacken oder naschen wir allzu oft, konsumieren viel zu süße Getränke und versorgen dadurch den Organismus mit zu vielen Kalorien. Weil auf der anderen Seite die wichtige Bewegung zu kurz kommt, steigen

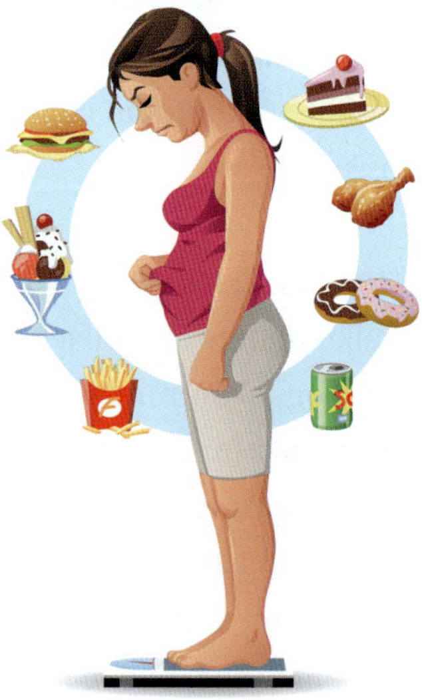

die Zahlen der an Übergewicht und Fettleibigkeit leidenden Personen. Fettleibigkeit oder Adipositas wiederum stellt eine wesentliche Ursache für chronische Erkrankungen wie Diabetes oder Herz-Kreislauf-Erkrankungen und somit für vorzeitige Todesfälle dar. Daher wird empfohlen, die Kalorienzufuhr zu drosseln bzw. ein gesundes Verhältnis zwischen Nahrungszufuhr und Kalorienverbrauch herzustellen. Etwa durch vollwertigere und kalorienärmere Alternativen und natürlich durch mehr Bewegung. Diese Empfehlungen klingen nicht wirklich revolutionär und neu, zugegeben, doch dieser Sachverhalt wird in absehbarer Zeit nichts an Brisanz einbüßen.

Doch was heißt das für unser Thema, für das Immunsystem? Kann man durch eine bestimmte Ernährung oder durch spezielle Nahrungsmittel die Abwehrkräfte stärken? Kann auch das Immunsystem älterer Personen davon profitieren?

Ungünstiges Ernährungsverhalten ändern

Man kann! Dazu erst einmal ein negativer Befund: Schlecht ernährte Menschen sind anfälliger für Infektionen und bestimmte Krankheiten, weil das Immunsystem nicht über die nötigen Ressourcen verfügt, diese abzuwehren. Das behaupten die Autoren des Immunguides, Dr. James DiNicolantonio und Siim Land (siehe Literaturverzeichnis). Ihre gute Nachricht: **Die Ernährung stellt den einfachsten Weg dar, das Immunsystem zu stärken.** Und – nächste gute Botschaft – in den meisten Fällen ist es deutlich effektiver, etwas Schädliches wegzulassen, als etwas Gutes zu sich zu nehmen. Das klingt pragmatisch und machbar. Dass man sich zusätzlich mit bestimmten Lebensmitteln etwas Gutes tun kann, wird in diesem Kapitel noch zu lesen sein.

Einige ungünstige Nahrungsbestandteile haben wir bereits genannt. Über den (zugesetzten) Zucker bzw. die hoch verarbeiteten Kohlenhydrate wie Chips, Pommes frites, Süßigkeiten oder Limonaden schreiben die beiden Autoren, dass sie chronische Entzündungen, Diabetes Typ 2 und die Anfälligkeit für Infektionen fördern – vor allem wenn man diese Kohlenhydrate häufig und in großen Mengen zuführt. Zu viel Alkohol beeinträchtigt ebenfalls das Immunsystem und erhöht die Anfälligkeit für Infektionen der Lunge. Weißmehlprodukte wie konventionelles Brot oder süßes Gebäck können die Darmwand schädigen und Entzündungen hervorrufen, wodurch das Immunsystem leidet. Um nur einige Beispiele aus ihrem Buch zu erwähnen.

Darmgesundheit fördern

Apropos Darmwand bzw. Darm: Der Darm stellt für ein intaktes Immunsystem ein ganz wichtiges Organ dar. **Experten schätzen, dass rund 80 Prozent der Immunleistung des Organismus über den Darm geregelt wird.** Kein Wunder, denn bei einer Länge von fünf bis sieben Metern und einer Gesamtoberfläche von mehr als 400 Quadratmetern (!) bietet der Darm eine riesige Angriffsfläche für schädliche Eindringlinge (diese unglaublich große Oberfläche ergibt sich, wenn man die vielen Falten und Zotten des Darms auseinanderfalten und glätten würde. Die menschliche Haut bringt es übrigens auf durchschnittlich zwei Quadratmeter Oberfläche). In diesem riesigen Darm-Areal muss daher das Immunsystem besonders aktiv, die Abwehrkräfte müssen besonders wachsam sein.

So werden die allermeisten IgA-Antikörper (zur Erinnerung: IgA ist die Abkürzung von „Immunglobulin A") im Darm gebildet und über die Blut- und Lymphbahnen überall dorthin gebracht, wo sie benötigt werden, um Keime abzuwehren – zum Beispiel zu den Schleimhäuten der Atemwege oder in die Blase. Was an und für sich gut funktioniert. Doch wenn der Darm nicht ganz gesund ist und seine Schleimhaut von Erregern bedroht wird, benötigt er selbst die meisten von ihm produzierten Antikörper und kann sie anderen Bedrohungen im Körper nicht ausreichend zur Verfügung stellen. Dann fehlt an anderen Stellen die nötige Abwehrkraft. Das heißt: **In vielen Fällen einer Immunschwäche sind vielleicht gar nicht zu wenige Antikörper vorhanden, sondern sie werden im Zentralorgan Darm benötigt.** Dann können beispielsweise eindringende Keime die Schleimhäute der Atemwege leichter passieren.

Was aber kann den Darm so beeinträchtigen, dass er die Abwehrkräfte von anderen Schauplätzen „abzieht“? – Es geschieht, wenn sich über einen längeren Zeitraum oder dauerhaft Ernährungsfehler einschleichen, wenn zum Beispiel Prozesse wie Fäulnis oder Gärung den Darm über Gebühr beschäftigen. Das geht häufig so:

- Wenn **Kohlenhydrate schlecht verdaut** bzw. unzureichend aufgespaltet werden, bleiben Verdauungsrückstände zurück. Schlecht verdaute Kohlenhydrate dienen Bakterien als Nahrung, die für **Gärprozesse** zuständig sind. Diese Gärbakterien bewirken jedoch Unruhe im Verdauungstrakt, verursachen Durchfall oder quälende Gasbildung mit Blähungen.

- Werden **Eiweiße schlecht verdaut**, dann bleiben Verdauungsrückstände zurück, die von Keimen geschätzt werden, die **Fäulnisprozesse** verursachen. Zu diesen Keimen zählen Bakterien mit großem Krankheitspotenzial, wie die Clostridien. Sie können die Darmschleimhaut schädigen, durchlässig machen, wodurch Schadstoffe – Keime, Gifte, Fremdeiweiße – aus dem Darm in die Blutbahn gelangen können. Was nicht geschehen dürfte, denn an und für sich wacht der Darm bzw. seine Schleimhaut streng darüber, was der Organismus an Nährstoffen aufnimmt. Einen durchlässigen Darm nennt man übrigens leaky gut (aus dem Engl.: der undichte Darm), und den Schaden, den die Keime im Körper anrichten können, das **„Leaky-Gut-Syndrom“**. Die Symptome reichen von chronischen und lästigen Bauchbeschwerden über Allergien und Unverträglichkeiten bis hin zu Migräne und Gelenkbeschwerden.

Stress für den Darm

Warum aber kommt es überhaupt zu Verdauungsrückständen im Darm? – Manchmal liegen Entzündungen vor, manchmal ein Mangel an Magensäure oder Enzymen, so dass die Verdauung nicht effektiv genug funktioniert. Nicht selten liegt es aber schlichtweg an den Essgewohnheiten, weil man zum Beispiel zu hastig isst, die Nahrung regelrecht verschlingt und dem Essen nicht die nötige Zeit und Aufmerksamkeit schenkt. Das bedeutet Stress für den Verdauungsapparat.

Viele kennen das: Die Mittagspause fällt zu kurz aus, man wird außerdem während des Essens am Handy angerufen, schlingt die letzten Bissen hinunter, um zum nächsten Termin zu hetzen und so weiter. Hastiges Essen bzw. Essen unter Stress führt dazu, dass Nahrung nur unzureichend verdaut wird, dass also Unverdautes zurückbleibt, in den Dickdarm gelangt und dort jenen Keimen als Nahrung dient, die für Fäulnis und Gärung zuständig sind. **Da haben wir dann den Salat – im wahrsten Sinne des Wortes.**

Gänzlich anders läuft die Verdauung ab, wenn zum Essen ausreichend Zeit besteht. Bereits beim Zubereiten der Mahlzeit oder beim Betreten eines Restaurants läuft einem aufgrund der vielen Düfte der Zutaten das Wasser im Mund zusammen. Auch das gilt im wahrsten Sinne des Wortes. Denn es bedeutet, dass mit der Bereitstellung der Sekrete im Mund die Verdauung einsetzt, bereits vor dem Essen. Magen und Darm werden durch Verdauungsenzyme entsprechend vorbereitet, Leber und Bauchspeicheldrüse aktiviert.

Während des Essens wird dann die Nahrung ordentlich gekaut und optimal zerkleinert, ein ganz wichtiger Vorgang. **Gründliches Kauen** ist beim Verzehr moderner weicher Nahrung oder beim Verzehr von Fast Food zumeist abhandengekommen, weil gar nicht mehr nötig. Mit dem raschen Verschlingen geht aber vieles an Esskultur und auch an vorteilhaftem Essverhalten verloren:

- Langes und bedächtiges Kauen bedeutet nicht nur, die Nahrung zu zerkleinern und die Verdauung anzukurbeln, sondern auch Stress abzubauen.
- Wer langsam isst und bedächtig kaut, schmeckt außerdem das Essen intensiver.
- Darüber hinaus erreicht man bereits mit kleineren Mengen ein Sättigungsgefühl.

Eine Wohltat für den Darm und die Verdauung, ein Genuss für alle Sinne. Und ein Profit für das Immunsystem.

ZWISCHENBILANZ

Egal, was man isst: Wer sich beim Essen Zeit lässt und ordentlich kaut, sorgt für eine gute Verdauung und bereitet seinen Abwehrkräften einen guten Boden.

Auf den Darm einwirken

Wir wollen dieses Thema an der Stelle nicht weiter vertiefen – doch wer unter dem genannten Leaky-Gut-Syndrom oder anderen Verdauungsproblemen leidet, wer auf verschiedene Nahrungsmittel oder -bestandteile allergisch oder mit Intoleranzen reagiert (z. B. auf Milchzucker, Getreide, Fruktose), wer dazu noch häufig an Infekten leidet, so jemand sollte sich auch um seine Darmgesundheit kümmern. Und sich an den Hausarzt, einen Ernährungsmediziner oder Gastroenterologen wenden, um herauszufinden, ob der Darm an diesen Problemen mitbeteiligt ist.

Als Folge muss man vielleicht die Zusammensetzung der **Darmflora** (das sind jene Bakterien und Keime, die den Darm besiedeln, auch unter der Bezeichnung **Mikrobiom** bekannt) untersuchen und gegebenenfalls korrigieren. Letzteres zum Beispiel durch eine Kostumstellung (zu einer darmstärkenden Kost, siehe unten) oder durch die Zufuhr von Probiotika und Enzymen oder durch die Eliminierung unerwünschter Darmbewohner. Manchmal muss man auch berücksichtigen, welche Medikamente man einnimmt: Es gibt zahlreiche Arzneien, die die Darmflora beeinflussen, wie etwa Antibiotika. Wie auch immer: Ein gesunder Darm stellt eine wichtige Basis für ein intaktes Immunsystem dar, er verdient es, dass man ihm die entsprechende Aufmerksamkeit schenkt.

Nährstoffmängel professionell beheben

An den Hausarzt oder einen Arzt mit Ausbildung in **Orthomolekularer Medizin** wendet man sich am besten auch, wenn man wissen möchte, ob man zusätzlich Vitamine, Mineralstoffe oder Spurenelemente zuführen sollte, um das Immunsystem zu stärken bzw. wenn man erfahren möchte, ob eine geschwächte Abwehr von einem Nährstoffmangel stammen kann. (Die Orthomolekulare Medizin beschäftigt sich mit der Verwendung der genannten Mikronährstoffe zur Vermeidung oder Behandlung von Krankheiten.) Vielleicht liegt eine Unterversorgung mit Vitamin D vor (ein relativ häufig anzutreffender Mangel in unseren Breiten), die man durch die Einnahme entsprechender Präparate korrigieren kann. Vielleicht mangelt es an anderen Mikronährstoffen wie Zink, Selen oder den B-Vitaminen. Diese Mikronährstoffe werden besonders oft genannt, wenn es um die Stärkung des Immunsystems geht.

Das fettlösliche **Vitamin D**, das auch als Hormon angesehen wird, spielt unter anderem für die Infektabwehr eine ganz wichtige Rolle. Der Bedarf kann nur sehr schwer über die Nahrung gedeckt werden. Es ist zum Beispiel in fettreichen Fischen (Lachs, Makrele), in Lebertran und im Eigelb enthalten. Vitamin D kann auch unter Sonnenlicht in der Haut gebildet werden. Weil ältere bzw. hochbetagte Menschen häufig weniger Kalorien zuführen und sich weniger im Freien aufhalten, kann speziell in dieser Altersgruppe ein Vitamin-D-Mangel auftreten und eine zusätzliche Zufuhr sinnvoll sein.

Wir halten es wie gesagt für sinnvoll, Experten auf diesem Gebiet zu kontaktieren, um effektiv und gezielt vorgehen zu können; um etwaige Mängel aufzudecken und zu beheben, auch wenn man Nahrungsergänzungsmittel rezeptfrei und problemlos beziehen kann. Und wir halten es ebenfalls für sinnvoll, sich ausgewogen und abwechslungsreich zu ernähren, um einen Mangel erst gar nicht aufkommen zu lassen. Dazu kann man zahlreiche bewährte und schmackhafte und darüber hinaus heimische Lebensmittel heranziehen.

Lebensmittel für das Immunsystem

Erinnern wir uns an die weiter oben getätigte Aussage im Immunguide, dass man mit Hilfe der Ernährung das Immunsystem am einfachsten günstig beeinflussen kann. Damit liegt es ein gutes Stück weit bei uns selbst, unsere Abwehrkräfte zu stärken. Dies scheint unserer Ansicht nach am ehesten zu gelingen, wenn das Interesse und die Motivation entsprechend groß sind, dieses Unterfangen in Angriff zu nehmen. Sprich: Wenn man gewillt ist, sich gesund zu ernähren. Das wiederum fällt umso leichter, je unkomplizierter sich die Sache darstellt. Wenn also die Auswahl von Lebensmitteln und deren Zubereitung möglichst nachvollziehbar und einfach umzusetzen ist. Und wenn es für diese Zwecke Nahrungsmittel, Kräuter und Gewürze gibt, die leicht erhältlich, bekannt oder sogar beliebt sind, die außerdem schmecken und seit jeher für vielerlei Speisen, Getränke und Tinkturen verwendet werden.

Wir haben in der Salzburger Ernährungswissenschafterin **Dr. Karin Buchart** eine profunde Ansprechpartnerin für diesen Zugang gefunden. Sie beschäftigt sich in ihren Büchern, als Autorin in Zeitschriften und als Leiterin von Seminaren seit Jahren mit dem alten Heilwissen und der Esskultur ihrer Pinzgauer Heimat. Ihr Interesse gilt Hausmitteln, Kräutern, Tees, Essig usw. Sie lehrt außerdem am Zentrum für Gastrosophie der Universität Salzburg. Zwei ihrer aktuellsten Bücher (siehe Literaturverzeichnis) beschäftigen sich mit so genannten **Nutrazeutika**. Das sind pflanzliche Lebensmittel und Hausmittel mit wissenschaftlich nachgewiesener Wirkung. Nutrazeutika ist eine Wortschöpfung aus dem englischen „Nutrition“ (deutsch: Ernährung) und aus „Pharmazeutikum“ (= Arzneimittel). Rund ein Dutzend solcher Lebensmittel kommt in verschiedenen Anwendungsformen und Kombinationen in Frage, um das Immunsystem nachweislich zu stärken, so Karin Buchart. Andere Nutrazeutika fördern die Gesundheit der Haut, des Urogenitaltrakts, der Atemwege und anderer Organe.

Eine immunstärkende Wirkung weisen beispielsweise Äpfel, Karotten, Zwiebel, Kren oder Thymian auf. Teilweise gelten diese Lebensmittel auch als immunmodulierend, als ausgleichend, weil sie überschießende Reaktionen des Immunsystems regulieren. Das geschieht, wenn man eine Zwiebelsuppe oder eine Karottensuppe genießt. Aus Äpfeln oder Ingwer lassen sich so schmackhafte Dinge zaubern wie Apfelkompott oder Ingwerhonig, ebenfalls Lebensmittel mit entsprechenden Wirkungen auf das Immunsystem. Falls Ihnen jetzt das Wasser im Munde zusammenläuft, merken Sie es bereits: Gesundheit kann auch schmackhaft sein.

FRAGE AN DIE EXPERTIN:

Dr. Karin Buchart

Wie kann man durch Ernährung stark und widerstandsfähig werden?

Frau Dr. Buchart, wo sehen Sie besonders wichtige Zusammenhänge zwischen Ernährung und dem Immunsystem?

Dr. Buchart: Ich denke, dass die Beeinflussung des Darmmikrobioms mit Hilfe von Lebensmitteln besonders wichtig ist. Der Darm stellt ja eine wichtige Zentrale für eine intakte Immunabwehr dar. Diese kann man etwa durch unbehandelte frische Lebensmittel mit bestimmten Inhaltsstoffen unterstützen. Mit Äpfeln zum Beispiel, die wichtige Ballaststoffe enthalten, die den nützlichen Darmbakterien als Nahrung dienen. Sie fungieren sozusagen als Präbiotika, das sind Stoffe, die weitestgehend unverändert den Magen und den Dünndarm passieren können und somit den guten Bakterien im Dickdarm Energie liefern. Die Äpfel sind roh, aber auch in getrockneter Form oder als Kompott aufgrund ihrer Flavonoide wie Quercetin wichtig für die Darmflora. Ebenso reich an Quercetin ist die Zwiebel, roh oder als Zwiebelsuppe.

Kann ich Lebensmittel, die mein Immunsystem unterstützen, am Aussehen erkennen?

Dr. Buchart: Durchaus. Flavonoide sind zum Beispiel Lebensmittel mit blauen, violetten und roten Pflanzenwirkstoffen; sie weisen immunmodulierende und ausgleichende Eigenschaften auf, regulieren ein überschießendes Immunsystem runter. Lebensmittel mit orangefarbenen Pflanzenfarbstoffen, mit so genannten Carotinoiden, sind ebenfalls ganz wichtig. Sie aktivieren die Abwehr, indem sie etwa die Anzahl der T-Lymphozyten, der Killerzellen, erhöhen.

Geht es Ihnen um die Gesamtqualität eines Nahrungsmittels oder um einzelne Pflanzeninhaltsstoffe, zum Beispiel bestimmte Vitamine?

Dr. Buchart: Natürlich ist es von Bedeutung, dass Äpfel Vitamin C enthalten oder Karotten verschiedene B-Vitamine. Mir sind jedoch vor allem die sekundären Pflanzenwirkstoffe, die Pflanzenfarben, besonders wichtig. Etwa die genannten Carotinoide: Das sind die pflanzlichen Lebensmittel mit oranger Farbe wie Karotten, gelbe Paprika und Kartoffeln. Dann die Pflanzenwirkstoffe mit blauer bzw. violetter Farbe – etwa Blaukraut, Heidelbeeren, Johannisbeeren. Orange und blaue Pflanzenwirkstoffe beeinflussen wie gesagt das Immunsystem, sei es stärkend oder sei es ausgleichend, sie sind effiziente Antioxidantien und entschärfen radikale Teilchen. Natürlich hat auch grünes Obst und Gemüse, wie Spinat, Brokkoli, Salat, Erbsen gesundheitliche Vorteile. Der grüne Pflanzenwirkstoff Chlorophyll wirkt zellschützend und antioxidativ. Rote Obst- und Gemüsesorten wie roter Paprika, Tomaten oder

FRAGE AN DIE EXPERTIN:

Kirschen weisen wiederum andere positive Eigenschaften auf und so weiter und so fort. Mit einem Wort: Wer möglichst „bunt" isst, versorgt sich automatisch mit den wichtigsten Inhaltsstoffen, fördert die Gesundheit und stärkt die Abwehrkräfte. Das halte ich für wichtiger als die Zufuhr eincs Vitamin-C-Pulvers.

Wenn man aus Vitaminbomben wie Zwiebeln eine Zwiebelsuppe macht, oder aus Äpfeln ein Kompott oder ein Mus – gehen dann nicht wichtige Vitamine verloren?

Dr. Buchart: Vitamin C oder Folsäure können durch die Hitze beim Kochen verloren gehen, zumindest weitgehend. Aber durch längeres Kochen werden Lebensmittel nicht ausgelaugt oder gar totgekocht, im Gegenteil, sie werden umgewandelt. Etwa zu einem Präbiotikum, zu einer Nahrung für nützliche Darmbakterien, die wir ja vermehren möchten. Denken wir an eine Karottensuppe, die etwa eine Stunde lang gekocht wurde: Von dieser weiß man, dass sie pathogene Keime bindet und den Verdauungstrakt reinigt – eine derartige Wirkung erzielt man mit rohen Karotten nicht. Außerdem wird Gemüse durch das Kochen bekömmlicher, leichter verdaulich. Das ist gerade für ältere Personen ein wesentlicher Faktor, weil deren Verdauung schon etwas träger ist.

Welche Rolle spielen fermentierte Lebensmittel für das Immunsystem? Durch die Fermentation werden Lebensmittel ja haltbar gemacht, indem der Zucker im Produkt durch Bakterien, Hefen und Pilze in Alkohol, Säure oder Gase umgewandelt wird.

Dr. Buchart: Auch fermentierte Lebensmittel sind ganz wichtig für eine intakte Darmflora. Man sollte sie regelmäßig in kleinen Portionen essen, etwa milchsaures Gemüse wie Sauerkraut.

... weil sie – wie der Name schon sagt – die wichtigen Milchsäurebakterien enthalten?

Dr. Buchart: Ja, und damit handelt es sich bei diesen Lebensmitteln um bedeutende Probiotika. Eine darmfreundliche und darüber hinaus geschmackvolle Kombination ergibt sich, wenn man Honig, Joghurt und Äpfel vermengt. Mit dem Joghurt werden die wichtigen Milchsäurebakterien, die Laktobazillen, zugeführt. Die Äpfel bieten wichtige Ballaststoffe. Und der Honig sorgt generell für ein gutes Milieu im Verdauungstrakt und unterstützt die Aufnahme von Nährstoffen.

Sind Bitterstoffe ebenfalls wichtig?

Dr. Buchart: Enzianwurzel, Ingwer, Galgant, Wermuth, Salbei und dergleichen halten den Stoffwechsel auf Trab, fördern die Durchblutung und den Kreislauf. Sie aktivieren die Verdauung, was gerade für ältere Personen von Bedeutung ist, denn Verdauung und Stoffwechsel können in dieser Altersgruppe wie erwähnt schon etwas träge sein. Darum haben die Tinkturen, die angesetzten Schnäpse und die bitteren Pulver durchaus ihren Sinn.

Manche dieser Lebensmittel, die Sie als Nutrazeutika bezeichnen, wirken weniger über den Darm bzw. eine intakte Darmflora, sondern stärken das Immunsystem ganz allgemein oder wirken an bestimmten Eintrittspforten von Erregern.

FRAGE AN DIE EXPERTIN:

Dr. Buchart: Ja, dazu einige Beispiele: Wer täglich – etwa in Grippezeiten – einen halben Liter Ingwertee vor dem Essen trinkt, stärkt allgemein seine Abwehrkräfte. Den Tee kann man mit Honig und Zitrone noch verfeinern. Ebenso hilft ein Teelöffel Ingweressig, den man ins Essen gibt oder am Morgen mit Wasser verdünnt trinkt. Eine Zehe Knoblauch im Essen aktiviert ebenfalls das Immunsystem, und schmeckt natürlich. Die Abwehrkraft der Atemwege wiederum profitiert von Thymian, etwa einem Thymiantee – zwei bis drei Tassen täglich. Man kann bei ersten Erkältungssymptomen mit Thymian, Salz und heißem Wasser inhalieren. Kapuzinerkresse und Kren, einen Monat lang in Schnaps angesetzt, ergibt eine Tinktur, die man tropfenweise präventiv gegen Erkältungen einnehmen kann. Bekannt ist auch der Preiselbeersaft gegen Harnwegsinfekte; er zählt übrigens zu den roten Pflanzenfarben.

Die meisten der erwähnten Produkte sind regional erhältlich bzw. kann man selbst erzeugen. Ist das charakteristisch für Nutrazeutika?

Dr. Buchart: Es geht hauptsächlich darum, heimische Lebensmittel, Pflanzen, Kräuter zu verwenden, sie zuzubereiten oder miteinander zu kombinieren, zu fermentieren oder anzusetzen. Viele kennen noch von früher traditionelle Rezepturen und Zubereitungen, andere lernen sie mit großem Interesse erst kennen. Jedenfalls kann ich sagen, dass die Arbeit mit Nutrazeutika Spaß macht, aber auch die Selbstwirksamkeit fördert sowie die Verantwortung für die eigene Gesundheit stärkt.

Warum schaffen es eigentlich Zwiebel und Thymian auf die Liste der Nutrazeutika, Karfiol und Petersilie aber nicht?

Dr. Buchart: Entweder fehlen Studien und das Lebensmittel wird von den offiziellen Stellen nicht als „Funktionsarzneimittel" eingestuft, wie es beim Karfiol der Fall ist. Funktionsarzneimittel sind Lebensmittel, die nach dem Deutschen Bundesamt für Lebensmittelsicherheit und Verbraucherschutz eine pharmakologische Wirkung entfalten können. Manche Lebensmittel werden nicht als „risikoarm" eingestuft, wenn eine Überdosierung leicht zu Stande kommen kann und bei eigenständiger Anwendung eine Gefahr für Nebenwirkungen besteht. Wieder andere sind nicht alltagstauglich, weil sie schwer zu kultivieren oder schwer erhältlich sind.

In Ihrem Konzept über Nutrazeutika gibt es keine Ernährungspyramiden, fehlen Angaben über das optimale Verhältnis von Kohlenhydraten, Eiweiß und Fett, wie in anderen Ratgebern üblich. Warum?

Dr. Buchart: Die Idee hinter den Nutrazeutika ist das eigenständige Zubereiten und das Anwenden wie Arzneimittel oder Hausmittel als Ergänzung zu den Speisen und Getränken. So wird die eigene Ernährung mit jenen sekundären Pflanzenstoffen angereichert, die jeweils notwendig erscheinen. Das ist viel zu individuell für eine allgemeine Pyramide. Dennoch haben Nutrazeutika das Potential zur Beeinflussung der Ernährungsgewohnheiten.

Manche Experten und Autoren halten das Fasten für ein probates Mittel, um das Immunsystem zu stärken. Liegen sie damit richtig?

Dr. Buchart: Der menschliche Organismus ist seit jeher an Phasen gewöhnt, in denen es wenig Nahrung gibt; man denke an die Zeiten massiver Ernteausfälle in früheren Jahrhunderten. Ein konstantes Angebot, ja Überangebot

FRAGE AN DIE EXPERTIN:

an Nahrung, wie wir es kennen, besteht ja erst seit wenigen Jahrzehnten. Es liegen zahlreiche Studien vor, die einer gewissen Nahrungskarenz positive Wirkungen bescheinigen. Man denke an das Intervallfasten, das die Möglichkeiten der Nahrungsaufnahme auf einige Stunden am Tag einschränkt. Beispielsweise werden für 15, 16 Stunden oder länger keine Kalorien zugeführt. Manche fasten jeden zweiten Tag, essen an den anderen Tagen aber relativ normal. Und manche fasten einen oder zwei Tage pro Woche, oder eine oder zwei Wochen im Jahr. Da gibt es unterschiedliche Methoden, je nach individuellen Möglichkeiten und Vorlieben.

Aber was bringt es dem Immunsystem, zu fasten? Und sollte man es versuchen, wenn man bereits angeschlagen ist?

Dr. Buchart: Tatsächlich steigert man durch Fasten die so genannte Resorptionsquote, das heißt, dass der Körper mehr Nährstoffe aus der Nahrung holt, wenn man wieder isst. So wird zum Beispiel nach einer Fastenperiode Kalzium besser aufgenommen. Menschen, die fasten, berichten auch, dass sie dadurch geistig wacher werden. Es scheint, dass es dem Körper gut tut, wenn man hin und wieder die Reset-Taste drückt und die Kalorienzufuhr für eine gewisse Zeit beschränkt. Allerdings würde ich meinen, dass man nicht fasten sollte, wenn man krank ist. Wer fastet, sollte gesund sein. Und auch älteren oder gar hochbetagten Personen würde ich das Fasten nicht empfehlen, weil die Gefahr einer Mangelernährung den möglichen Benefit übersteigt.

AUF EINEN BLICK

IMMUNSYSTEM UND ERNÄHRUNG – EIN RESÜMEE

Die Ernährung stellt einen wesentlichen Einflussfaktor auf das Immunsystem dar. Mit bestimmten (vor allem pflanzlichen) Lebensmitteln in möglichst allen Pflanzenfarben lässt sich das Mikrobiom des Darms – die Drehscheibe für ein intaktes Immunsystem – günstig beeinflussen. Auch eine stressfreie und achtsame Nahrungsaufnahme kommt der Darmgesundheit und somit dem Immunsystem zugute. Nicht zuletzt kann auch eine gewisse Nahrungskarenz dazu beitragen, die Abwehrkräfte zu stärken.

LEBENSMITTEL BZW. NUTRAZEUTIKA, DIE DAS IMMUNSYSTEM STÄRKEN

LEBENSMITTEL	WIRKSTOFFE	WIRKUNGEN
Apfel	Ballaststoffe (Pektine) Flavonoide (Quercetin)	Stärkung Darmmikrobiom, immunmodulierend
Brennessel	Carotinoide, Flavonoide, Chlorophyll	Stärkung Immunsystem allgemein
Cranberry	Flavonoide	Prävention Harnwegsinfekte
Ingwer	Bitterstoffe	Prävention Erkältungen, Stärkung Immunsystem allg.
Kapuzinerkresse	Thiocyanate (Senföle)	Prävention Erkältungen
Karotte	Oligogalacturonide, Beta-Carotin	Stärkung Darmmikrobiom
Knoblauch	Sulfide, Saponine	Stärkung Immunsystem allg.
Kurkuma	Curcumin, ätherische Öle	Stärkung Immunsystem allg.
Leinsamen	Lignane	Stärkung Darmmikrobiom
Meerrettich	Thiocyanate (Senföle)	Prävention Erkältungen
Thymian	ätherische Öle	Stärkung Atemwege
Wacholder	Gerbstoffe, Flavonoide, ätherische Öle	Prävention Harnwegsinfekte
Zwiebel	Sulfide, Fructane	Stärkung Darmmikrobiom

Quelle: Karin Buchart: Nutrazeutika. Heilende Nahrungsmittel, Kräuter und Gewürze. Trias Verlag 2023; modifiziert

LEBENSMITTEL BZW. NUTRAZEUTIKA: ANWENDUNGEN UND KOMBINATIONEN

LEBENSMITTEL	ANWENDUNGEN	KOMBINATIONEN
Apfel	frisch, getrocknet, Kompott, Mus, Apfelwein, Apfelmost Apfelessig, Apfeltrester	Zimt, Nelken, Ingwer, Wasser, Honig, Ingwer
Brennessel	Brennesselsuppe	Zwiebel, Knoblauch, Öle
Cranberry	Cranberrysaft	–
Ingwer	Tee, Tinktur, Essig, Paste, Ingwerhonig	Honig, Zitrone, Wacholderbeeren
Kapuzinerkresse	Kapuzinerkresse-Meerrettich-Tinktur (zwischen Mahlzeiten)	pur
Karotte	Karottensuppe lang gekocht	–
Knoblauch	frisch, Knoblauchöl	in den Speisen
Kurkuma	als Gewürz	in den Speisen
Leinsamen	Leinsamenschrot, Leinsamenmehl	in den Speisen
Meerrettich	Kapuzinerkresse-Meerrettich-Tinktur (zwischen Mahlzeiten)	pur
Thymian	Tee, Thymian-Honig, Thymian-Butter	Salbei, Ingwer Salbei, Knoblauch, Ingwer, Kurkuma, Zwiebel
Wacholder	Wacholderbeeren-Tinktur (vor dem Essen)	pur
Zwiebel	frisch, Zwiebelsuppe, Zwiebel-Tinktur (vor dem Essen)	–

TIPP FÜR ÄLTERE PERSONEN:

Lang gekochte Karottensuppe

Karottensuppe bei Durchfall oder bei Entzündungen im Magen über den Tag verteilt essen, damit sich der Verdauungstrakt wieder erholen kann. Sie kann einige Tage gegessen werden, jedoch nicht dauerhaft.

Zutaten:

½ kg Karotten
½ TL Salz
1 TL Butter
1 EL Honig
Wasser

Zubereitung:

Die Karotten in Stücke schneiden und in einem Liter Wasser eine Stunde lang köcheln lassen. Die Suppe pürieren und mit Wasser wieder ungefähr auf einen Liter auffüllen, Salz, Butter und Honig zugeben und nochmals erwärmen.

5

Bewegung und Sport für das Immunsystem

Regelmäßige sportliche Aktivität wird aufgrund vieler positiver Effekte für die Gesundheit von immer mehr Medizinern als Medikament angesehen. Zum Beispiel wenn es darum geht, Herz-Kreislauf-Erkrankungen, Bluthochdruck, Typ-2-Diabetes, Osteoporose, Stress und anderen Erkrankungen bzw. Gesundheitsproblemen vorzubeugen. Wer dabei auf Sport setzt, betreibt aktive Prävention, so die Experten.

Bluthochdruck, Diabetes und Osteoporose

Sportliche Aktivität kann aber auch bereits bestehende krankhafte Zustände positiv beeinflussen. Dazu drei Beispiele:

Bluthochdruck

Dem weit verbreiteten Bluthochdruck (Hypertonie) kann man mit Bewegung und Sport gleich mehrfach zu Leibe rücken. So profitiert etwa die Durchblutung der Gefäße, sie werden elastischer und weiten sich – eine wichtige Voraussetzung für eine Normalisierung des Blutdrucks. Man geht davon aus, dass allein durch regelmäßige Bewegung sowohl der obere (systolische) als auch der untere (diastolische) Blutdruckwert gesenkt werden kann – was bereits ausreichen kann, um ein blutdrucksenkendes Medikament zu reduzieren oder gar wegzulassen. Regelmäßige Bewegung hilft außerdem beim Abnehmen; jedes Kilo weniger bedeutet wiederum eine Senkung des Blutdrucks, wenn auch nur geringfügig. Dazu kommt noch, dass durch Bewegung das Herz ökonomischer schlägt und Stresshormone wie Adrenalin und Cortisol reduziert werden, sie versetzen ja den Körper in Alarmbereitschaft und treiben den Blutdruck in die Höhe. Bluthochdruckpatienten profitieren vor allem von Ausdauersportarten wie schnellem Gehen, Nordic Walking, Laufen, Schwimmen, Radfahren oder Langlaufen.

Diabetes Typ 2

Die genannten Ausdauersportarten stellen auch ein probates Mittel gegen Diabetes Typ 2 dar. Sie sollten allerdings durch ein gezieltes Krafttraining ergänzt werden. Aus gutem Grund: Wird die Muskulatur entsprechend beansprucht, so wird der Zucker im Organismus besonders effektiv verwertet und der Blutzuckerspiegel sinkt. Für das entsprechende Krafttraining kommt ein Training mit dem eigenen Körpergewicht (z. B. Liegestützen) in Frage, mit freien Gewichten (z. B. mit Kurzhanteln), mit Gymnastikbändern oder an Maschinen in einem Fitnesscenter.

Osteoporose

Auch die Knochen profitieren von regelmäßiger Bewegung, vor allem, wenn es ihnen an Festigkeit und Knochendichte mangelt, was als Osteoporose bezeichnet wird. Im Grunde gilt auch für Osteoporose-Patienten, dass regelmäßige körperliche Bewegung den Knochenstoffwechsel anregt und somit die Knochen stärkt, vor Knochenbrüchen schützt und dadurch die Lebensqualität verbessert.

Freilich – wer seine zu hohen Blutdruck- oder Blutzuckerwerte oder seine Knochengesundheit durch sportliche Aktivitäten verbessern möchte, sollte einige Dinge beachten. Wer daher durch regelmäßige Bewegung bestehende Erkrankungen günstig beeinflussen will bzw. seine sportlichen Ambitionen vor dem Hintergrund bestehender Erkrankungen konkret umsetzen möchte, sollte dies am besten mit dem behandelnden Arzt oder einem Sportmediziner besprechen.

Uns interessiert in diesem Zusammenhang die Frage: Wie verhält es sich mit dem Immunsystem? Profitiert es von sportlichen Aktivitäten? – Wenn ja, von welchen? In welcher Häufigkeit, Dauer oder Intensität soll man Sport betreiben, um die Abwehrkräfte zu stärken? Kann man sie durch Sport auch schwächen?

Die Dosis macht's

Wer regelmäßige körperliche Aktivität bzw. Sport als Medikament betrachtet, sollte Sport auch so anwenden wie ein Medikament – nämlich in der richtigen Dosis. Also nicht zu viel davon, sonst können unerwünschte Wirkungen im Sinne einer Überdosierung auftreten. Macht man wiederum zu wenig, bleiben positive Effekte aus. Was aber ist eine optimale Dosis für die persönliche Fitness und Gesundheit, für das Immunsystem?

Einen Richtwert bieten die bekannten Aktivitätsempfehlungen der Weltgesundheitsorganisation (WHO). Diese haben Eingang gefunden in Bewegungsempfehlungen und -tipps zahlreicher Fachgesellschaften und anderer Einrichtungen im Bereich der Gesundheit.

Empfehlungen der WHO

Die WHO empfiehlt allen Erwachsenen jede Woche mindestens 150 Minuten moderat aktiv zu sein, das sind zweieinhalb Stunden. Dies gilt auch für Menschen mit chronischen Erkrankungen oder Behinderung. Eine wichtige Betonung dieser WHO-Empfehlungen scheint auf dem Wörtchen „mindestens" zu liegen. Denn es handelt sich um das Minimum an Aktivität, das man erbringen soll, um die Ausdauer zu verbessern. Man darf ohne Weiteres das doppelte Pensum absolvieren, also 300 Minuten pro Woche, das ergibt dann fünf bewegte Stunden.

Wer sich mit hoher Intensität bewegt, dem werden 75 Minuten pro Woche als Mindestmaß empfohlen. Auch in diesem Bereich darf man ohne Weiteres doppelt so viel Sport machen, also 150 Minuten.

Was aber ist eine moderate Bewegung, was eine intensive? – Wer es ganz genau wissen möchte, orientiert sich an der Herzfrequenz: Moderate Intensität entspricht 60 bis 70 Prozent der maximalen Herzfrequenz, die am besten vom Sportarzt ermittelt wird. Höhere Intensität entspricht 71 bis 80 Prozent der maximalen Herzfrequenz. Auch den Laktatwert kann man zur Bestimmung der optimalen Dosis heranziehen, auch diesen bestimmt am besten der Sportarzt im Zuge einer Leistungsdiagnostik.

Man kann sich aber auch auf die bewährte **Faustregel** beziehen: Im moderaten Intensitätsbereich bewegt man sich, wenn man dabei noch normal sprechen, aber nicht mehr singen kann. Im höheren Intensitätsbereich ist durchgehendes Sprechen nicht mehr möglich.

Zusätzlich zu diesen Empfehlungen in puncto moderater und intensiver Belastung rät die WHO, an mindestens zwei Tagen pro Woche ein moderates Krafttraining für alle wichtigen Muskelgruppen zu absolvieren. Menschen im Alter von über 65 tun gut daran, auch Übungen für Koordination und Gleichgewicht einzubauen, um Stürzen, die im Alter gehäuft auftreten, vorzubeugen.

Und wie schaffe ich das?

Ausdauer- und Krafttraining, Koordinations- und Gleichgewichtsübungen – und das mehrmals pro Woche und dieses wöchentliche Pensum 52-mal im Jahr. Auf den ersten Blick scheinen diese Aktivitätsempfehlungen relativ umfangreich zu sein. Besonders dann, wenn man nicht gewohnt ist, sich regelmäßig zu bewegen. Doch für den **Sportmediziner Dr. Robert Fritz** von der Sportordination, dem Zentrum für Gesundheit, Sportmedizin, Ernährung, Sportwissenschaften und Trainingstherapie in Wien, sind die genannten Empfehlungen ohne großen Aufwand umzusetzen, man müsse sie nur in alltagstaugliche Portionen umrechnen.

„Wer täglich eine halbe Stunde bzw. zweimal 15 Minuten etwas flotter zu Fuß geht oder mit dem Fahrrad zur Arbeit und wieder nach Hause fährt, ist moderat aktiv und kommt so locker auf die 150 Minuten pro Woche. Und am Wochenende gibt es gewiss Möglichkeiten für weitere Aktivitäten", so der Sportmediziner. Die zwei Krafteinheiten pro Woche seien ebenfalls einfach zu realisieren – etwa durch einfache kräftigende Übungen zu Hause, in Form von Kniebeugen, Liegestützen (auch auf den Tisch oder an die Wand gestützt), durch Klimmzüge oder Übungen mit einem Gymnastikband, mit Kurzhanteln oder Ähnlichem.

TIPP FÜR ÄLTERE PERSONEN:

Wer mehr Bewegung in sein Leben bringen und mit Sport beginnen möchte, aber sich nicht ganz gesund fühlt und/oder schon länger keinen Sport mehr gemacht hat, dem wird empfohlen, seinen Gesundheitszustand abklären zu lassen. Etwa beim Hausarzt oder Sportarzt. Wichtig ist, dass man im Vorhinein unerkannte Probleme entdeckt und frühzeitig behandelt. Wer regelmäßig eine Vorsorgeuntersuchung macht, die keine Auffälligkeiten zeigt, kann ohne Weiteres mit moderatem Sport anfangen; mit einer Sportart, die Spaß macht. Die Belastung sollte man nur langsam steigern. Wenn dabei allerdings Schmerzen oder gehäuft Infekte auftreten, sollte man ärztlichen Rat einholen und erst nach entsprechender Pause wieder weitermachen.

FRAGE AN DEN EXPERTEN:

Dr. Robert Fritz

Stärkt körperliche Aktivität das Immunsystem?

Herr Dr. Fritz, profitiert das Immunsystem, wenn man Sport betreibt?

Dr. Fritz: Zahlreiche wissenschaftliche Studien zeigen, dass unter körperlicher Belastung wichtige Abwehrzellen des Immunsystems verstärkt ausgeschüttet werden, etwa die T- und die B-Zellen, die Granulozyten, Makrophagen und so weiter. Ihnen kommt eine große Bedeutung in der Abwehr von Infekten zu. Dies scheint eine uralte Strategie des Organismus zu sein. Bewegung war in früheren Epochen der Menschheit immer an bestimmte Zwecke gebunden: Man war aktiv, um zu jagen oder weil man beispielsweise kämpfen oder flüchten musste. Dabei war es wichtig, schnell und ausdauernd zu sein und – vor allem – sich nicht zu verletzen. Für diese Anforderungen hat der Organismus seine Abwehr- und Schutzfunktionen hochgefahren, wie etwa die Ausschüttung bestimmter Abwehrzellen. Nach Ende der Herausforderungen wurden sie wieder reduziert, runtergefahren, die Zellen wieder abgebaut und ausgeschieden. Durch dieses Hoch- und Runterregulieren, Aktivieren und Deaktivieren, wurde das Immunsystem immer kompetenter, schlagkräftiger.

FRAGE AN DEN EXPERTEN:

Es werden also auch beim Sport vermehrt Abwehrzellen ausgeschüttet?

Dr. Fritz: Ja, den Aktivierungseffekt scheint man auch durch Sport zu erzielen, ohne kämpfen oder flüchten zu müssen. Außerdem wirkt Sport antientzündlich, da er dazu beiträgt, das Körperfett bzw. Bauchfett zu reduzieren, das ja entzündungsfördernde Hormone produziert. Davon profitiert das Immunsystem ebenfalls.

Zweieinhalb Stunden Sport pro Woche gilt als das Minimum. Gibt es auch ein Maximum, eine Obergrenze? Oder anders gefragt: Kann man es auch übertreiben, zu viel des Guten machen und die Immunabwehr schwächen?

Dr. Fritz: Eine Obergrenze ist keine Frage der Dauer, sondern vielmehr der Intensität. Wenn man sich richtig auspowert und stark überlastet, kann das Risiko für Infekte steigen. Wir wissen, dass man nach langen intensiven Belastungen wie nach einem Marathonlauf anfälliger ist für Infekte, vor allem der Atemwege. Denn die Anzahl wichtiger Abwehrzellen in diesem Bereich fällt unmittelbar nach intensiven Belastungen ab. Weil dadurch Krankheitserregern kurzfristig quasi ein Fenster zum Eindringen geöffnet wird, bezeichnet man diesen Effekt als „Open-Window-Effekt“. Die Anfälligkeit für Probleme der Atemwege könnte aber auch durch das intensive Atmen während der Anstrengung verursacht werden; dann würde es ein lokales Phänomen darstellen, eine Reizung der Atemwege. Das wird derzeit in der Sportmedizin diskutiert.

Wie wichtig ist die Wahl der Sportart für ein kräftiges Immunsystem?

Dr. Fritz: Die Wahl der Sportart ist nebensächlich. Wichtig ist, den Sport, den man gerne macht, regelmäßig auszuführen. Das kann Wandern, Nordic Walking, Laufen, Schwimmen oder Radfahren sein, auch Spielsportarten wie Tennis bieten sich an. Vielleicht auch ein Mix aus mehreren Sportarten, das schafft Abwechslung und hebt die Motivation, dranzubleiben. Man sollte allerdings die Krafteinheiten nicht vernachlässigen. Sie weisen nicht nur positive Effekte auf den Stoffwechsel auf – etwa bei Diabetes-Patienten –, sondern sie sorgen auch für eine gute Körperhaltung und liefern Kraft für den Alltag. Man darf nicht vergessen: Gerade ältere Menschen sind häufig nicht krank, sondern zu schwach. Das kann man etwa mit gezieltem Krafttraining ändern.

Nicht jeder ist ein Fan von körperlicher Anstrengung. Wie können sich gerade ältere Menschen zum Training motivieren?

Dr. Fritz: Ich erinnere mich an einen älteren Herrn, der zu uns in die Sportordination gekommen ist, weil er seine über alles geliebte und frisch renovierte Wohnung nur mehr unter größter Anstrengung erreichen konnte. Sie lag im vierten Stock, es gab keinen Aufzug in dem Haus und es war für ihn äußerst mühsam, zum Beispiel seine Einkäufe nach oben zu schaffen. Er war daher in Sorge, diese Wohnung aufgeben zu müssen. Durch ein entsprechendes Training wurde er wieder in die Lage versetzt, ohne Mühe auf und ab gehen und seinen Alltagsaktivitäten nachgehen zu können. Auch das kann ein Ziel von regelmäßigen körperlichen Aktivitäten sein.

FRAGE AN DEN EXPERTEN:

Sie sind auch Ernährungsmediziner und Experte für Orthomolekulare Medizin. Was ist bei der Energiezufuhr nach einer Belastung zu beachten, speziell was Infekte angeht?

Dr. Fritz: In den ersten 30 Minuten nach einer Belastung, vor allem, wenn sie intensiv war, sollte man dem verstärkten Bedarf des Körpers nach Kohlenhydraten nachkommen. Also zum Beispiel einen gespritzten Apfelsaft, einen gesüßten Tee trinken, einen Müsliriegel essen. Das reduziert die Anfälligkeit für Infekte in dieser Phase. Überhaupt sollte man sich vernünftig und ausgewogen ernähren, wenn man Sport betreibt, also auf die Zufuhr von hochwertigem Eiweiß und Kohlenhydraten achten, gute pflanzenbasierte Fette verwenden und so weiter.

Sollte man auch Vitaminpräparate zu sich nehmen?

Dr. Fritz: Nur wenn eine Blutanalyse ergibt, dass ein Mangel an bestimmten Nährstoffen vorliegt. Dann kann man diesen zunächst mit Nahrungsergänzungsmitteln ausgleichen, sollte aber alsbald mit gezielter Ernährung fortfahren. Die Basis einer optimalen Energiezufuhr besteht in einer ausgewogenen Ernährung.

... die auch dem Darm zugutekommt, einer wichtigen Drehscheibe für ein starkes Immunsystem.

Dr. Fritz: Ja, neuere Forschungen zeigen, dass Sport günstige Effekte auf das Darmmikrobiom aufweist. Das Mikrobiom von Sportlern weist einen hohen Anteil von guten und erwünschten Keimen auf. Das liegt vielleicht daran, dass Sport die Stresshormone vermindert, die den Darm negativ beeinflussen können.

Wie sieht es mit Alkohol als Durstlöscher aus? Ein Bierchen mit dem Tennispartner oder mit der Laufrunde, der Einkehrschwung an einem Skitag?

Dr. Fritz: Alkohol hat im Sport keinen Platz. Während eines Skitages getrunken stellt Alkohol ein Sicherheitsrisiko dar, so wie im Straßenverkehr. Nach dem Sport vermindert er die Einlagerung von Kohlenhydraten in die Muskeln und bewirkt letztendlich eine schlechtere Regeneration.

Darf man Sport betreiben, wenn man krank ist?

Dr. Fritz: Bei Fieber ist Sport ein absolutes No-Go. Auch im Alltag rate ich von Anstrengungen ab, wenn man eine fieberhafte Infektion hat. Wenn jemand mit rinnender Nase etwas flotter spazieren geht und merkt, dass diese lockere Bewegung gut tut, dann ist es okay. Man muss in seinen Körper hineinhören und entsprechend reagieren – und die Aktivität beenden, wenn es anstrengend wird oder wenn man Schmerzen verspürt. Dann ist Schonung angesagt. Überhaupt ist es wichtig, der entsprechenden Regeneration genügend Platz einzuräumen und auch Ruhetage einzulegen. Auch wenn man nicht krank oder verletzt ist.

AUF EINEN BLICK

SPORT UND IMMUNSYSTEM – EIN RESÜMEE

Regelmäßige körperliche Aktivität kann die Abwehrkräfte stärken, etwa indem Abwehrzellen verstärkt ausgeschüttet und Stresshormone vermindert werden. Um in den Genuss dieser positiven Effekte zu gelangen, sollte man Sport in der richtigen Dosis betreiben, sich also nicht unterfordern, aber auch nicht allzu sehr auspowern.

Ebenfalls wichtig: Ruhephasen einlegen, um die nötige Regeneration zu fördern. Und sich ausgewogen ernähren, um die Speicher wieder optimal aufzufüllen.

6

Stress und das Immunsystem

Stress ist ein Phänomen mit mehreren Gesichtern. Auf der einen Seite stellt er eine wichtige Triebfeder des Lebens dar, das Salz in der Suppe sozusagen. Ohne Stress wäre das Leben eintönig, langweilig, gäbe es keine nennenswerte Entwicklung. Auf der anderen Seite kann Stress die Gesundheit und Lebensqualität gehörig beeinträchtigen, er bildet einen häufigen Verursacher von gefährlichen Erkrankungen, zum Beispiel von Herzkrankheiten oder psychischen Erkrankungen. Das ist auch der Grund, warum Stress ein vorwiegend negatives Image innehat.

Wieso sind wir gestresst?

An und für sich handelt es sich bei Stress um eine Reaktion des Organismus auf einen Reiz, auf eine Herausforderung. Um sich dieser zu stellen oder sie zu bewältigen, kommt der Organismus in die Gänge, in den Bereich der Anspannung; verschiedene Funktionen werden mobilisiert, eine gewisse Belastung stellt sich ein. Und das auf mehreren Ebenen. Das wird zum Beispiel vor einer Prüfung recht deutlich: ein mulmiges Gefühl, Unruhe und Nervosität treten auf (also das, was man gemeinhin unter Stress bzw. Stressbelastung versteht), aber auch hohe geistige Konzentration und Aufmerksamkeit. Also durchaus positive Folgen, denn Letzteres macht im Fall einer Prüfung eindeutig Sinn.

Manchmal stellt Stress sogar eine lebensnotwendige Strategie dar. Zum Beispiel im Kontext einer Gefahr, wenn es gilt, diese zu meistern bzw. schadlos zu überstehen. In diesem Zusammenhang wird immer wieder das plötzlich auftauchende Raubtier genannt, das den Steinzeitmenschen bedroht. Ihm bieten sich bei dieser Begegnung zwei Optionen: Kampf oder Flucht. Für beides stellt sein Organismus alle wesentlichen Funktionen auf Alarm: Wahrnehmen, Denken und Fühlen beschäftigen sich ausschließlich mit dieser gefährlichen Situation, es herrscht höchste Konzentration, starke Erregung, die Muskeln werden angespannt, der Herzschlag und der Blutdruck gehen in die Höhe, Stresshormone wie Adrenalin und Cortisol werden ausgeschüttet und vieles andere mehr.

Kurzum: Es kommt zu einer ganzheitlichen Mobilisierung. Schließlich geht es um das Überleben. Nach Bewältigung der Herausforderung bzw. der Gefahr – etwa nach erfolgreicher Flucht – kommt es zu einer Beruhigung, Stress wird wieder abgebaut, weil nicht mehr nötig. Der Körper gelangt wieder ins Gleichgewicht. Eine über tausende Jahre bewährte und vor allem sinnvolle Strategie des Organismus.

Der Stress heute ist anders

Was unseren Umgang mit Stress anbelangt, so funktionieren wir immer noch wie die Steinzeitmenschen. Doch die Reize, die so genannten Stressoren, haben sich verändert. Heutzutage bedrohen uns keine Raubtiere mehr, wir müssen nicht mehr fliehen oder kämpfen. Heute stresst es uns, weil beispielsweise der Chef in der Firma Druck macht, weil man im Job Arbeiten erledigen muss, die man nicht mag, weil Multitasking an der Tagesordnung steht. Oder weil man schlecht schläft, weil man dauerhaftem Lärm ausgesetzt ist oder weil die Nachbarn nerven. Auch in der Familie gibt es jede Menge Stress: Das Kind hat Geldsorgen, das Enkerl Probleme in der Schule, der Partner erkrankt, ...

Die Reaktionen auf solche Stressoren sind nach wie vor so, wie es unsere Vorfahren bei einer Begegnung mit einem Raubtier erlebt haben: Stresshormone werden ausgeschüttet, der Blutdruck und der Puls steigen, die Muskeln werden angespannt, Wahrnehmen, Denken und Fühlen kreisen um dieses Thema und so weiter. Alle wichtigen Funktionen werden aktiviert.

Doch keine Flucht, kein Kampf folgt auf die Anspannung, der Organismus bleibt ohne unmittelbares Abreagieren (Kampf oder Flucht) in Alarmbereitschaft und angespannt, häufig sogar über lange Zeiträume. Denn das Problem mit dem Chef und die Krankheit des Partners sind ja nicht von heute auf morgen ausgeräumt. Stress wird zum permanenten Begleiter.

Permanente Belastung

Wie sich derartige Stressbelastungen des täglichen Lebens auf die Gesundheit auswirken können, hat beispielsweise der deutsche Psychologe Reinhard Tausch (1921–2013) sehr anschaulich beschrieben (siehe auch Literaturverzeichnis):

- Auf der **Gefühlsebene** kommt es zu Erregung, Spannung, Ungeduld, Ärger, Angst, Reizbarkeit, Enttäuschung, Überlastung, Unsicherheit, Verzweiflung, Traurigkeit, Resignation und dergleichen.

- Was das **Denken** unter Stressbelastungen angeht, so tauchen immer wiederkehrende Fragen, Sorgen und Grübeleien auf, wie:

  Werde ich es schaffen?
  Ich will das nicht!
  Das kann ich nicht!
  Ich bin ein Versager!
  Wie gemein von den anderen!
  ...

- Auf der Ebene der **Körperempfindungen** werden Herzklopfen genannt, ja Herzrasen, flaches Atmen, Zittern, Verspannungen, Schweißausbrüche, Kopfschmerzen, Schlafprobleme, Verdauungsprobleme usw.

- Auch das **Verhalten** ändert sich unter Stress: Man neigt zu hastigen, unüberlegten, planlosen Handlungen, zu Aggressivität, Rückzug, unkontrollierter Nahrungsaufnahme, Alkoholkonsum, Rauchen usw.

Man merkt bereits beim Lesen dieser kurzen Auflistung, dass diese Auswirkungen auf Dauer nicht gesund sein können. Dazu kommt noch, dass viele der genannten Punkte zumeist in Kombination miteinander auftreten: Zu allem Ärger und zur Angst gesellen sich auch noch Kopfschmerzen oder Schlafprobleme dazu, außerdem verstärkt so manche Verhaltensweise auf Umwegen noch zusätzlich das Stressproblem – man denke an den Alkoholkonsum oder das Rauchen unter Stressbelastung. Man kann aber aus der Auflistung ebenso schließen, dass Stress mehr ist als eine Belastung am Arbeitsplatz durch Zeitdruck und Eile. Denn Stress betrifft nicht nur vielbeschäftigte Manager und ihre Herzgesundheit, wie man früher oft gemeint hat. Vielmehr kann Stress für jeden Menschen in beinahe jeder Lebenslage ein belastendes Thema werden, kann den ganzen Menschen betreffen, sein Verhalten, seine Gedanken, Gefühle und Organe. Und damit auch das Immunsystem.

Akut oder chronisch

Was die Abwehrkräfte anbelangt, so weiß man, dass akuter Stress das Immunsystem eher beflügelt und stärkt, chronischer Stress wiederum schwächt es. So verweist der zuvor genannte Psychologe Reinhard Tausch in seinem Ratgeber auf eine Studie, die bei Fallschirmspringern, die ihren ersten Sprung wagten, einige Parameter des Immunsystems untersuchte.

Es zeigte sich, dass die Abwehrriege der Killerzellen rund um den Zeitpunkt des Sprungs eine erhöhte Anzahl und Aktivität aufwies. Akuter Stress kurbelte also das Immunsystem an, schützte den Körper, der Fallschirmsprung sollte problemlos und ohne Verletzung gelingen, so lautete offenbar die Intention des Organismus. Die Begegnung mit dem Raubtier fällt ebenfalls in diese Kategorie. Akuter Stress ermöglicht es, alles zu mobilisieren, um dem Raubtier zu entkommen.

Anders der dauerhafte Stress. Untersuchungen an Studierenden während der Prüfungszeit zeigten, dass aufgrund der länger andauernden Belastungen durch das Lernen und durch die immer näher rückenden Prüfungstermine die Immunabwehr geschwächt wurde und es zu einer höheren Anfälligkeit für Infektionen kam. Ein nicht gerade passendes Zusammentreffen: Zu den Stressbelastungen vor den Prüfungen kamen auch noch Erkältungs- und andere Symptome.

Die Folgen von chronischem Stress

Chronischer Stress kann also schwächen, anfälliger machen. Ein Fakt, das auch andere Studien belegen, wie die Autoren DiNicolantonio und Land in ihrem bereits erwähnten Immunguide darlegen. Hier dürften mehrere Faktoren zusammenwirken. Zum einen kann dauerhafter Stress zu einer verringerten Anzahl bestimmter Abwehrzellen (etwa T-Zellen) und anderer Komponenten führen, die der Abwehr dienen. Zum anderen werden bei chronischen Belastungen Stresshormone wie Cortisol freigesetzt, die adäquate Abwehrmechanismen unterdrücken und somit schwächen. Solchen Zusammenhängen widmet sich zum Beispiel die so genannte **Psychoneuroimmunologie**, eine Disziplin, die sich mit der Wechselwirkung von Psyche, Nervensystem und Immunsystem beschäftigt.

TIPP FÜR ÄLTERE PERSONEN:

Wem es schwer fällt, sich zu entspannen, der kann versuchen, bewusst den Körper anzuspannen und wieder loszulassen.
➡ Dadurch lässt sich das Anspannungslevel etwas reduzieren.

Wer seinen Kopf und das Grübeln nicht abstellen kann, sollte versuchen, sich ganz bewusst mit geistig anstrengenden Themen zu befassen, im Sinne einer Anspannungsübung.
➡ Besser gezielt ein Thema geistig bearbeiten, als seinen eigenen Gedanken ausgeliefert zu sein.

Wenn Grübelgedanken nicht aus dem Kopf gehen wollen, kann das Aufschreiben der Gedanken hilfreich sein.
➡ Dadurch lassen sich Gedanken manchmal auf Papier ablegen und man muss sich weniger damit beschäftigen.

Dazu zählen auch Phänomene aus dem psychosozialen Umfeld wie etwa **Kränkungen**. Man betrachtet sie in der Medizin zunehmend als chronische Stressbelastungen, da der Prozess des Gekränktseins schleichend, über lange Zeit verläuft. Das Immunsystem reagiert in diesem Verlauf mit chronischen Entzündungsreaktionen, Schlafstörungen, erhöhter Infektanfälligkeit und Ähnlichem. Solchen psychosozialen Stressbelastungen ist auch die Beobachtung zuzuordnen, dass Personen, die sich einsam fühlen, eine höhere Infektionsrate aufweisen als Menschen, die es eigenen Angaben zufolge nicht sind. Dass Stress auch über den Umweg des Verdauungsapparates (Stichwort Mikrobiom) das Immunsystem beeinträchtigen kann, ist im Kapitel über die Ernährung nachzulesen.

Übrigens kann es genauso zum gegenteiligen Effekt kommen: Bei dauerhafter Belastung steigt das Risiko für überschießende Reaktionen des Immunsystems, also für **Autoimmunerkrankungen**. So verbrachte Frau M. aus dem Bekanntenkreis jahrelang viele Wochenstunden für ihr Studium an der Uni und arbeitete zusätzlich sehr engagiert in einem Nebenjob, bis sie erkannte, dass sie nicht alle Praktika, Prüfungen und Bürozeiten unter einen Hut bringen konnte, obwohl (oder weil?) sie in so mancher Nacht nur vier oder weniger Stunden geschlafen hatte. Plötzlich bemerkte sie Gleichgewichts- und Geschmacksstörungen und sah Doppelbilder. Einige Untersuchungen später wurde sie mit der Diagnose „Multiple Sklerose" konfrontiert. Chronischer Stress schwächt nicht nur, sondern kann auch zu einer Fehlleitung der Abwehr führen. Ein Zuviel an Belastung über einen zu langen Zeitraum dürfte auch bei Frau M. die Fehlleitung ihrer Abwehr zumindest begünstigt haben, wie die behandelnden Ärzte anmerkten.

Anspannung und Entspannung

Die Beispiele mit den Fallschirmspringern und dem Raubtier zeigen: Anspannung und Entspannung gehören zusammen. Erst wenn eine Herausforderung bewältigt wird, kann das Leben wieder in ruhigeren Bahnen weiter verlaufen. Auch die Beispiele mit dem chronischen Stress (Prüfungsstress von Studierenden) bedeuten letztendlich, dass Anspannung und Entspannung gleichermaßen wichtig sind. Beide Qualitäten sollten sich in einem ausgewogenen Wechsel einstellen.

„Wenn die Anspannung auf Dauer überwiegt und die Entspannung zu kurz kommt, dann kann eine Kleinigkeit genügen, um zu erkranken. Wenn man es aber schafft, sich nach Anspannungen oder während einer Belastungsphase zu entspannen, dann verfügt man über Reserven für viele Herausforderungen, die auf einen zukommen". Das sagt **Dr. Andreas Kaiser**, der das Institut für Klinische Psychologie am Uniklinikum

Salzburg leitet, in dem insgesamt 90 Psychologinnen und Psychologen in verschiedenen Stationen an mehreren Standorten tätig sind. Wir haben Kaiser – der sich unter anderen mit degenerativen Erkrankungen im Alter befasst – dazu befragt, wie man Anspannung und Entspannung am besten managt, damit das Immunsystem im Alter profitiert.

FRAGE AN DEN EXPERTEN:

Dr. Andreas Kaiser

Wie wappnet man sich gegen Stressbelastungen?

Herr Dr. Kaiser, Stress, vor allem dauerhafter Stress, kann sich auf die Abwehrkräfte negativ auswirken. Liegt das am starken Zusammenhang zwischen dem Immunsystem und der Psyche?

Dr. Kaiser: Wir befinden uns ständig in einem Fließgleichgewicht. Ob es um die Aufmerksamkeit, den Blutdruck oder die Muskelspannung geht – wir pendeln stets zwischen Anspannung und Entspannung hin und her, je nach den Herausforderungen, denen wir begegnen. Das ist etwas ganz Natürliches. Das heißt aber auch, dass Anspannung per se nichts Schlechtes ist, sie ermöglicht erst die erholsame und heilsame Entspannung. Oder anders gesagt: ohne Anspannung keine Entspannung.

Ich kann daher nur appellieren: Strengen Sie sich an, unternehmen Sie etwas, stellen Sie sich einer Herausforderung, ob im Sport oder im geistigen Bereich oder in Form eines sozialen Engagements oder sonst wie. Das ermöglicht nicht nur das positive Gefühl, etwas zu schaffen, sondern davon profitiert auch das Immunsystem, das ich in einem biopsychosozialen Kontext sehe:

Wer zum Beispiel sportlich aktiv ist, baut nachweislich Stress ab, hat auch mehr soziale Kontakte, nimmt also am Leben teil, erfährt dadurch Rückmeldungen und Bestätigungen durch die Mitwelt, fühlt sich daher wohl, schläft besser und dergleichen. Und geht aus diesem Grund bei nächster Gelegenheit wieder mit der Gruppe wandern oder joggen. Alles Dinge, die sich gegenseitig verstärken und in gewisser Weise auch das Immunsystem stark machen.

Gilt das auch für ältere Menschen?

Dr. Kaiser: Ja, selbstverständlich. Was ältere Menschen stresst, ist nicht die Belastung am Arbeitsplatz, sondern die Bewältigung des Alltags und das Finden eines neuen Lebensinhaltes. Die Hauptgefahr in dieser Altersgruppe sehe ich in der Reduktion, also in dem Umstand, dass sich ältere Menschen allzu sehr zurücknehmen, ja sich zurückziehen, soziale Kontakte reduzieren oder nicht mehr pflegen, keine Verantwortung mehr übernehmen. Die große Gefahr ist eine Reduktion der Teilhabe am Leben in dieser Altersgruppe, die im schlimmsten Fall zu Einsamkeit führt.

Also sollte man im Alter nicht einfach die Hände in den Schoß legen. Gilt das auch, wenn man an bestimmten Krankheiten leidet? Sollte man in dieser Hinsicht nicht Vorsicht walten lassen, weil ja im Alter das Immunsystem nicht mehr so fit ist?

Dr. Kaiser: Das gilt auch für Personen, die nicht mehr ganz fit oder sogar durch eine Krankheit eingeschränkt sind. Es ist längst bekannt, dass Ältere von sportlicher Betätigung profitieren, auch wenn sie diese erst in relativ hohem Alter beginnen und unter diversen Wehwehchen leiden. Das beweisen

FRAGE AN DEN EXPERTEN:

zahlreiche Studien, zum Beispiel über die positiven Wirkungen eines Krafttrainings, von dem auch über 80-jährige Einsteiger noch immens profitieren. Oder Studien über das Tanzen, ein ganzheitliches Training für Körper, Geist und Seele, das in den letzten Jahren wegen seines Benefits zurecht populär geworden ist.

Man muss die Bewegungen – egal welcher Art – seinem Gesundheitszustand und Fitnesslevel anpassen. Man darf auch hin und wieder etwas über seine Grenzen gehen. An solchen Herausforderungen wächst man. Und was die Muskeln und das Herz kräftigt oder das Gedächtnis fördert, stärkt auch das Immunsystem. Dazu kommt noch, dass man im Fitnesscenter, beim Tanzen oder Wandern zumeist auch in Gemeinschaft ist und soziale Kontakte pflegt. Also Aktion statt Reduktion!

Das klingt ein bisschen nach der „5-L-Formel" …

Dr. Kaiser: Die fünf Ls stehen für Leben, Laufen, Lachen, Lernen und Lieben. Eine Abkürzung, die seit einiger Zeit für gesundes Altern herangezogen wird. Manche behaupten sogar, dass es sich um ein Konzept handelt, mit dem man Lebensjahre gewinnt. Leben steht für eine ausgewogene Ernährung, Laufen für regelmäßige Bewegung, Lachen für eine optimistische Einstellung, Lernen für geistige Aktivität und Lieben für soziale Kontakte. Manche Autoren und Altersforscher reduzieren sie auf drei oder vier Ls. Wie auch immer: Ich glaube, diese Konzepte drücken alle aus, wie wichtig die Teilhabe am Leben ist.

Das Leben ist nicht immer konfliktfrei. Gerade aus dem sozialen Umfeld gibt es auch negative Einflüsse, die Stress verursachen und das Immunsystem schwächen. Man denke an Kränkungen …

Dr. Kaiser: Auch in dieser Hinsicht halte ich es für angebracht, aktiv zu werden und zum Beispiel den Konflikt anzusprechen und zu bereinigen. Besser ist es zu streiten, als sich gekränkt zurückzuziehen.

Was, wenn trotz aller Teilhabe am Leben negativer Stress überwiegt, wenn also die Entspannung hinter der Anspannung zurückbleibt?

Dr. Kaiser: Dann könnte man es mit Entspannungstechniken wie dem Autogenen Training, der Progressiven Muskelentspannung nach Jacobson, Yoga und Achtsamkeitstrainings versuchen. Gerade die Jacobson-Technik spiegelt wider, was wir vorhin besprochen haben: die große Bedeutung des Wechsels von Anspannung und Entspannung. Bestimmte Muskeln und Muskelgruppen werden ganz gezielt und nacheinander für einige Sekunden lang angespannt, dann wird die Spannung wieder losgelassen. Wohltuende Entspannung setzt ein, Atmung und Herzschlag beruhigen sich.

Und wenn man es einmal beherrscht, kann man es jederzeit und überall anwenden, etwa wenn man im Stau steht oder im öffentlichen Verkehrsmittel sitzt, sprich: Immer, wenn es nötig ist, sich zu entspannen und Stress abzubauen. Wem dies gelingt, der stärkt sein Immunsystem und bleibt auch eher im seelischen Gleichgewicht.

FRAGE AN DEN EXPERTEN:

Humor, Lebensfreude und Optimismus haben in puncto Gesundheit einen hohen Stellenwert. So weiß man, dass Humor entspannt, gelassen und zufrieden macht. Profitiert davon auch das Immunsystem?

Dr. Kaiser: Vor allem Optimismus scheint eine sehr große Wirkung auf unseren Körper zu haben. Wer eher vom Positiven ausgeht, ist auch eher entspannter bei Belastungen und bleibt handlungsfähig. Humor ist in sozialen Beziehungen wichtig, weil er ausdrückt, dass wir aufeinander vertrauen können. Im Gegensatz zu Sarkasmus, der das Gegenüber abzuwerten probiert und Ausdruck von Aggression ist.

Kann man Humor oder eine positive Lebenseinstellung lernen?

Dr. Kaiser: Das kommt stark auf die Persönlichkeit an und welche Erfahrungen gemacht wurden. Prinzipiell kann ich meine Wahrnehmung in eine positive Richtung trainieren. Am wichtigsten sind gute soziale Kontakte, auf die man sich verlassen kann und denen man vertraut. Man sollte sich auch immer eine gewisse kindliche Neugier und Verspieltheit bewahren, diese hat jeder in sich. Wer sich selbst nicht zu ernst nimmt, muss sich auch keine Gedanken machen, was andere von ihm oder ihr denken, das führt zu sozialer Entspanntheit. Diese kommt gut an und führt zu weiteren sozialen Kontakten.

Was ist die Moral aus der Geschichte?

Dr. Kaiser: Wer sich gegen die negativen Auswirkungen von Stressbelastungen wappnen möchte, sollte in erster Linie auf seine eigenen körperlichen, geistigen und sozialen Fähigkeiten bauen. Jeder Mensch verfügt über ein großes Reservoir an unterschiedlichen Fähigkeiten. Mit dem Konsum von Vitaminkapseln alleine wird es nicht getan sein. Man sollte sich auch nicht scheuen, Herausforderungen und Verantwortung zu übernehmen, und manchmal darf man sich auch mehr zutrauen als üblich und ein bisschen über die Grenzen gehen. Und sei es nur, dass man beim üblichen Spaziergang ein Stück weiter oder schneller geht als sonst. Und wem dies alles mit einer Prise Humor gelingt, der sieht das Leben nicht nur positiver, sondern pusht auch sein Immunsystem.

AUF EINEN BLICK

STRESS UND IMMUNSYSTEM – EIN RESÜMEE

Stressbelastungen können das Immunsystem beeinträchtigen, vor allem dauerhafter Stress. Ein aktiver Lebensstil mit regelmäßiger Bewegung, geistigen Herausforderungen und sozialen Kontakten sowie die Anwendung von Entspannungstechniken reduziert Stress und Anspannung, sorgt für ein gesundes physiologisches Gleichgewicht und stärkt damit das Immunsystem.

7

Schlaf und das Immunsystem

Es ist immer wieder faszinierend, zu beobachten, wie der Schlaf bei Säuglingen und kleinen Kindern sein Recht einfordert. Ob in der Hektik einer Fußgängerzone, in der vollbesetzten U-Bahn oder in einem belebten Einkaufszentrum mit starkem Umgebungslärm – wenn sie müde sind, dann schlafen die Kleinen tief und fest im Kinderwagen oder in den Armen der Eltern. Kaum etwas vermag ihren Schlaf zu beeinträchtigen.

Von einer derartigen Schlaftiefe bzw. Schlafqualität können Erwachsene und vor allem ältere Personen nur träumen. Wenn sie es denn können. Denn immer mehr Menschen haben Probleme, mühelos ins Land der Träume zu gelangen oder dort ausreichend lange zu verbleiben. Sie haben Probleme mit dem Einschlafen oder Durchschlafen, wachen mehrmals während der Nacht auf, wälzen sich unruhig hin und her, schauen auf die Uhr, beginnen zu grübeln und fühlen sich am nächsten Tag nicht ausgeruht, erholt und leistungsfähig, sondern müde und gerädert – mit zahlreichen gesundheitlichen Risiken.

Freilich, die rund 16 Stunden, die ein Baby täglich im Schlaf verbringt, sind kein Maßstab für Erwachsene, schon gar nicht für Ältere, denn das Schlafbedürfnis und die Schlafdauer nehmen im Laufe des Lebens sukzessive ab. Das beginnt bereits im Vorschulalter, in dem die Kinder „nur mehr“ an die 12 Stunden schlafen, Erwachsene kommen im Schnitt auf sieben bis neun Stunden. Alles in allem verbringen wir rund ein Drittel des Lebens im Schlaf.

Und das ist überaus wichtig. Denn Schlaf dient nicht nur der wichtigen Erholung und Entspannung nach den Mühen eines (Arbeits-)Tages, Schlaf ist kein passiver Zustand oder ein körperlich-geistiges Blackout, sondern eine überaus aktive Phase des Organismus, in der sich Zellen erneuern, das Gehirn Gelerntes und Erlebtes verarbeitet, Hormone aktiv sind, Wunden gut heilen und vieles andere mehr.

Auf guten Schlaf kommt es an

Ein guter Schlaf kommt auch dem Immunsystem zugute. So verläuft der Genesungsprozess bei einem gewöhnlichen Schnupfen besser und schneller, wenn man ausreichend schläft. Und auch die Wirkung einer Schutzimpfung verbessert sich bei gutem Schlaf, wie auf der Website der Österreichischen Gesellschaft für Schlafmedizin und Schlafforschung ausgeführt wird. Schlafmangel wiederum verschlechtere beides.

Kurzum: Schlaf stellt eine Phase dar, in der lebenswichtige Prozesse im Organismus ablaufen. Wie bedeutend eine gute Schlafqualität ist und wie wichtig es ist, ausgeruht und erholt in den Tag starten zu können, nimmt man spätestens dann wahr, wenn man schlecht geschlafen hat. Man fühlt sich von der Früh weg müde, körperlich und geistig nicht wirklich leistungsfähig, unkonzentriert, schlecht gelaunt und verhält sich häufig auch noch aggressiv.

Die Schlafräuber

Was aber verursacht einen schlechten Schlaf? Nun, da hat die Gegenwart einiges an Schlafräubern zu bieten, die vor allem mit unseren Lebensgewohnheiten zu tun haben: Viele Menschen sitzen bis spät in die Nacht vor dem Fernseher, sehen sich an- und aufregende Filme an, die das Gehirn noch eine Weile beschäftigen können.

Nachrichten per SMS oder WhatsApp werden vor dem Einschlafen verschickt, Notebook, Handy oder Tablet bedient. Neben der geistigen Anspannung, die mit dieser Beschäftigung einhergeht, kann das künstliche Licht solcher Medien mit den blauen

Wellenlängen den Schlaf-Wach-Rhythmus durcheinanderbringen und auch die Produktion des Hormons Melatonin beeinträchtigen, das für den Schlaf so wichtig ist.

Eine zu üppige Mahlzeit, zu spät am Abend eingenommen, eine Tasse Kaffee, zu spät getrunken, kann ebenfalls das Einschlafen erschweren. Alkohol macht zwar müde und vermag das Einschlafen zu fördern, verhindert jedoch das Durchschlafen, bewirkt frühzeitiges Erwachen und führt nicht selten dazu, dass sich nächtens eine volle Blase meldet. Vielleicht ist auch die Schlafumgebung zu warm oder zu laut, vielleicht passt das Schlafsystem mit einer zu harten oder zu weichen Unterlage nicht. Ganz zu schweigen von den psychischen Belastungen wie Sorgen, Kummer, Stress, Streit mit dem Partner – nicht gerade schlaffördernde Faktoren.

Aus zahlreichen Studien weiß man, dass Störungen des Schlaf-Wach-Rhythmus, zum Beispiel durch Schichtarbeit, zu Schlafstörungen führen können und somit einen negativen Einfluss auf die Gesundheit haben. Vor allem das Entstehen von Diabetes oder Herz-Kreislauf-Erkrankungen werden dadurch begünstigt.

Viele Faktoren haben also dazu beigetragen, dass die durchschnittliche Schlafdauer in den vergangenen Jahrzehnten gesunken ist. Von rund neun Stunden um das Jahr 1900 auf siebeneinhalb Stunden Mitte der 1970er-Jahre. Derzeit sind es nicht ganz sieben Stunden.

Krankheiten und Medikamente

Auch Krankheiten können den Schlaf beeinträchtigen. Zum Beispiel, wenn die Beine nicht zur Ruhe kommen wollen und ausgerechnet während der Schlafenszeit einen starken Bewegungsdrang entwickeln. Immerhin sind zwischen fünf und zehn Prozent der Bevölkerung von diesem als Restless-Legs-Syndrom bezeichneten Problem unruhiger Beine betroffen.

Ebenfalls ein bedeutender Einflussfaktor auf die Schlafqualität: das Schnarchen, das von Atempausen begleitet wird – das so genannte Schlafapnoe-Syndrom. Weil die Atemaussetzer bis zu zwei Minuten dauern können, erhalten die Betroffenen viel zu wenig Sauerstoff. Ein gewaltiger Stress für den Organismus, der Puls und Blutdruck in die Höhe schnellen lässt, was auf Dauer zu massiven gesundheitlichen Problemen führt, wie zum Beispiel Bluthochdruck und in der Folge Herz-Kreislauf-Erkrankungen.

Depressionen können ebenfalls Schlafstörungen verursachen. Nicht selten verhält es sich so, dass der schlechte Schlaf erst den entscheidenden Hinweis auf die zugrundeliegende Depression darstellt. Schlechter Schlaf wiederum verschlechtert die Depression. Ein ungesunder Kreislauf.

Nicht zu vergessen die verschiedenen Schmerzzustände, etwa aufgrund einer rheumatischen Erkrankung, einer Neuropathie oder einer Verspannung. Inkontinenz oder eine vergrößerte Prostata machen sich in der Nacht vor allem durch häufigen Harndrang bemerkbar, Atemnot im Zuge einer Herzschwäche beeinträchtigt ebenfalls den Schlaf. Und natürlich auch verschiedene Medikamente, deren Einnahmehäufigkeit bekanntlich mit zunehmendem Alter steigt.

Wie das Alter den Schlaf beeinträchtigt

Auch das Alter stellt einen Risikofaktor für einen gestörten Schlaf dar. Man braucht beispielsweise länger, um einzuschlafen. Das könnte daran liegen, dass mit zunehmendem Alter die Orexin-Hormone leichter erregbar und schwerer einzubremsen sind. Diese Hormone sorgen dafür, dass man wach bleibt. Der Schlaf älterer Personen wird leichter und die Tiefschlafphasen nehmen ab. Ältere Menschen gehen früher ins Bett und stehen früher auf, weil sich die Ruhezeiten verändern. Was daran liegen könnte, dass ein wichtiger Taktgeber im Gehirn – der so genannte suprachiasmatische Nukleus (SCN) – mit dem Alter etwas aus dem Takt gerät und dadurch die Unterschiede zwischen Tag und Nacht zunehmend verschwimmen. Nicht zuletzt nimmt auch die

Bildung des wichtigen schlaffördernden Hormons Melatonin ab, das in der Zirbeldrüse im Gehirn produziert wird, sobald es dunkel wird – ein Gegenspieler des Hormons Cortisol, das am Tag aktiv ist und Anspannung und Wachheit fördert.

Die Folgen schlechter Schlafqualität

Egal, ob aufgrund von Krankheiten, aufgrund von Lebensgewohnheiten oder aufgrund des Alters: Wer auf Dauer schlecht schläft, geht ein hohes gesundheitliches Risiko ein. So steigt etwa das Risiko, Diabetes oder Bluthochdruck zu entwickeln und einen Herzinfarkt oder Schlaganfall zu erleiden. Menschen, die schlecht schlafen, sind weniger leistungsfähig, stattdessen müde und antriebslos, es steigt das Risiko, eine Depression zu entwickeln. Aufgrund der Konzentrationsschwäche durch Schlafmangel steigt auch die Unfall- und Verletzungsgefahr (zum Beispiel durch Stürze). Das Erinnerungsvermögen und die Merkfähigkeit leiden ebenfalls, das Risiko einer Demenz hingegen steigt.

Und nicht zuletzt leidet auch das **Immunsystem** unter chronischem Schlafmangel. Wir haben bereits erwähnt, dass Erkältungen leichteres Spiel haben, wenn man nicht ausgeschlafen ist. Wissenschaftler der Universitäten Tübingen und Lübeck haben sich mit den Zusammenhängen zwischen Schlaf und Immunsystem näher beschäftigt.

Sie konnten nachweisen, dass die Funktion der so wichtigen T-Zellen bereits nach wenigen Stunden ohne Schlaf beeinträchtigt war. In einem 24-stündigen Experiment ließen sie

TIPP FÜR ÄLTERE PERSONEN:

Viele kennen das: Man sitzt abends bequem vor dem Fernseher und schläft ein. Manchmal sogar tief und fest, auch wenn der Krimi oder das Fußballspiel noch so spannend sind. Grundsätzlich kein schlechtes Zeichen, denn immerhin schafft es das Fernsehprogramm, von den Grübeleien und Sorgen des Alltags abzulenken, den Organismus zu beruhigen, den Schlaf einzuleiten.
Das Problem dabei: Wenn man dann zu Bett geht, ist man wieder putzmunter und es ist oft unmöglich einzuschlafen, man wälzt sich im Bett hin und her.
➡ Daher: Bei den ersten Anzeichen von Müdigkeit bzw. Schlafbereitschaft das Gerät abschalten und zu Bett gehen.

eine Gruppe von Teilnehmern acht Stunden lang schlafen, Gruppe zwei musste wach bleiben. Regelmäßig wurde in beiden Gruppen bei den Probanden Blut abgenommen, das Forscherteam konzentrierte sich dabei hauptsächlich auf die Bindungsstärke der T-Zellen. Diese sind in unserem Körper ständig im Blutkreislauf unterwegs, vor allem auf der Suche nach Erregern. Dabei heften sie sich an die Zellen an und machen sie unschädlich bzw. beseitigen sie. Diese Bindungsstärke der Zellen war bei den Probanden ohne Schlaf deutlich reduziert.

In weiteren Untersuchungen konnte gezeigt werden, dass auch das Stresshormon Adrenalin und Prostaglandine, also Hormone, die bei Entzündungen eine Rolle spielen, bereits durch kurzen Schlafentzug eine negative Wirkung auf die genannte Bindungsfähigkeit der T-Zellen haben. Auch bei Krebs und chronischem Stress sind Adrenalin, Prostaglandine und Adenosin stark erhöht und schwächen unser Immunsystem durch Behinderung der T-Zellen im ständigen Kampf unseres Körpers gegen alle möglichen Erreger.

Kurzum: Schlechter Schlaf schwächt auf Dauer das Immunsystem.

AUF EINEN BLICK

SCHLAF UND DAS IMMUNSYSTEM – EIN RESÜMEE

Wer auf Dauer schlecht schläft, ist anfälliger für Infektionen. Daher ist es wichtig, sich um einen guten Schlaf zu kümmern. In vielen Fällen können bereits Änderungen im Lebensstil oder einfache Einschlafrituale helfen. Sie müssen allerdings erst einmal eine Weile ausprobiert werden. In hartnäckigen Fällen sollte man den Hausarzt oder einen Schlafmediziner konsultieren und mit den Experten eine maßgeschneiderte Schlaftherapie entwickeln.

FRAGE AN DEN EXPERTEN:

Prof. Dr. Peter Weiler

Wie viel Schlaf braucht ein starkes Immunsystem?

Herr Dr. Weiler, gibt es eine optimale Schlafdauer, die uns ausgeruht erwachen lässt und auch die Abwehrkräfte steigert?

Dr. Weiler: Optimal ist die Schlafdauer dann, wenn man sich ausgeschlafen fühlt und leistungsfähig ist. Das ist man im Allgemeinen, wenn man vier oder fünf Schlafzyklen durchläuft. Ein Schlafzyklus dauert etwa eine bis eineinhalb Stunden, er besteht aus mehreren Phasen, etwa mit tieferem Schlaf und mit weniger tiefem, oder mit Phasen, in denen man träumt. Wer Müdigkeit spürt, sich nicht konzentrieren kann und womöglich untertags mehrfach einschläft, hat offensichtlich ein Schlafdefizit.

Grundsätzlich ist die optimale Schlafdauer sehr individuell, die Dauer alleine sagt noch nichts über die Schlafqualität aus. Etwa sechs Stunden sollte man schon schlafen, mehr als acht Stunden könnten für manche bereits zu viel sein; dann fühlt man sich oft den ganzen Tag wie gerädert. Kurzfristig sind Schlafstörungen wenig bedenklich, dauernd schlechter Schlaf führt allerdings zu einem erhöhten Risiko für Herz-Kreislauf-Erkrankungen sowie

FRAGE AN DEN EXPERTEN:

zu einer erhöhten Infektanfälligkeit, bedingt durch ein geschwächtes Immunsystem.

Sind bei den Stundenangaben auch die Nickerchen miteingerechnet, die ältere Personen gerne während des Tages einlegen? Sollte man auf diese verzichten, damit am Abend die Schlafbereitschaft und nachts die Schlafqualität steigt?

Dr. Weiler: Gegen ein kurzes Nickerchen ist nichts einzuwenden, insbesondere, wenn man sich danach wieder fit fühlt. Wer zu lange schläft, fühlt sich danach aber meistens schlapp. Es kann auch zu einer Schlafumkehr führen, mit längeren, oft quälenden Wachphasen in der Nacht.

Was sollten ältere Menschen generell unternehmen, um gut schlafen zu können? Schlafmittel einnehmen, irgendwelche Schlafrituale vornehmen oder lieber einen Schlaftrunk aus Heilkräutern?

Dr. Weiler: Jeder Mensch hat seine Rituale, bewusst und auch unbewusst. Leider sind die Rituale nicht immer förderlich – man denke an den Konsum von Alkohol am Abend – und auch nicht so leicht veränderbar. Jedenfalls sollte das Schlafzimmer nur zum Schlafen aufgesucht werden. Fernseher, Computer, Handys – besonders, wenn die technischen Geräte im blauen Lichtspektrum strahlen – haben im Schlafzimmer nichts verloren. Dort sollte es ruhig und dunkel sein, denn Dunkelheit fördert die Ausschüttung des Schlafhormons Melatonin.

Belastende Gedanken, Gedankenkreisen, Ängste und so weiter sind für einen gesunden Schlaf auch nicht förderlich. Entspannungsmethoden wie das Autogene Training oder die Muskelentspannung nach Jacobson können dazu beitragen, das Gedankenkreisen zu unterbinden und zur Ruhe zu kommen. Man sollte sich jedoch bewusst sein, dass Methoden der Entspannung, ein Schlaftrunk mit beruhigenden Heilkräutern wie Melisse, Hopfen und Baldrian oder eine neue Matratze erst einmal eine Weile ausprobiert werden müssen, bevor man sagen kann, ob diese Hilfen wirken. Auch der gestörte Schlaf hat sich nicht von heute auf morgen eingestellt, sondern vielfach über Jahre entwickelt.

Und wann sollte man den Hausarzt konsultieren?

Dr. Weiler: Eine länger dauernde Schlafstörung gehört abgeklärt. Der erste Ansprechpartner sollte der Hausarzt sein. Herz-Kreislauf- und Lungenerkrankungen könnten eine Rolle spielen, aber auch den Hals-Nasen-Ohren-Bereich gilt es, als zumindest mitbeteiligte Ursache zu begutachten. Auch eine Abklärung in einem Schlaflabor kann sinnvoll sein.

Eine wichtige Ursache sind Erkrankungen des neurologisch-psychiatrischen Formenkreises. Gerade bei Depressionen ist eine Schlafstörung ein häufiges Symptom. Eine gezielte Depressionsbehandlung bei einem entsprechenden Facharzt kann dann eine Schlafstörung positiv beeinflussen. Eine kurzfristige Gabe von Schlafmitteln, insbesondere von pflanzlichen wie Baldrian, ist nicht gefährlich.

8

Immuntraining mit Kneipp-Anwendungen

„Winter 1849, an der Donau bei Dillingen:
Ein schwerkranker Student watet ins eisige Wasser.
Seine Ärzte haben ihn aufgegeben.
Der junge Mann sucht im Wasser des Flusses aber nicht den Tod,
sondern Heilung. Sein Name: Sebastian Kneipp".

Mit diesen Worten, dazu Aufnahmen einer düsteren, nebeligen Flusslandschaft, beginnt eine Fernsehdokumentation, die anlässlich des 200. Geburtstages von Sebastian Kneipp (1821–1897) entstand und die Leben, Werk und Vermächtnis des Allgäuer Pfarrers würdigt. Zentrales Thema bilden seine bekannten Wasseranwendungen, das Herzstück seiner Lehre, die er aufgrund eines bemerkenswerten Selbstversuchs entwickelt hat.

Der an der lebensbedrohlichen Tuberkulose (damals als Schwindsucht bezeichnet) erkrankte und bereits stark geschwächte Theologiestudent Kneipp erhoffte sich – quasi als letzten Strohhalm – durch regelmäßiges kurzes Untertauchen im kalten Wasser der Donau eine Besserung von seinem sich stetig verschlechternden Leiden. Kneipp wurde durch ein Buch über Wasserheilkunde zu dieser ungewöhnlichen radikalen Selbstbehandlung angeregt. Ein Werk aus dem 18. Jahrhundert, das zu Lebzeiten von Kneipp aktualisiert wurde und das er in einer Bibliothek aufgestöbert hatte. Darin wurde ein Krankheitsbild beschrieben, das seinem schlechten Gesundheitszustand entsprach und das man mit bestimmten Kaltwasseranwendungen behandeln könne.

Kneipp hat zu Beginn seiner regelmäßig durchgeführten Tauchbäder in der Donau zunächst einmal gemerkt, dass ihm die eisige Prozedur im Winter nicht schadet. Ganz im Gegenteil – es erging ihm von Mal zu Mal besser, so dass er die kurzen und heftigen Tauchbäder so lange weiter machte, bis er sich wieder gesund fühlte. Der Grundstein für die Kneippschen Wasseranwendungen war gelegt. „Im Wasser ist Heil", sollte er später verkünden. Übrigens wurde nach seinem Tod bei der Obduktion eine abgelaufene Tuberkulose, die ausgeheilt war, zweifelsfrei festgestellt.

Im Wasser ist Heil

Wasser stellt das wesentlichste Heilmittel in der Gesundheitslehre Kneipps dar. Wer kennt sie nicht, die Armbäder und Kniegüsse, die Wechselduschen und das Wassertreten im so genannten Storchenschritt durch knietiefes Wasser, die verschiedenen Wickel und das Barfußlaufen durch taufrisches Gras oder Schnee und andere Anwendungen? Doch seine Lehre geht weit über die Wasseranwendungen hinaus, sie umfasst auch andere „Säulen", nämlich Bewegung, Ernährung, Kräuterheilkunde sowie die innere Ordnung oder Balance.

TIPP FÜR ÄLTERE PERSONEN:

Sebastian Kneipp hat betont, dass gerade für ältere Menschen die einfachen, milden Kaltreize sehr wohltuend sind. Eine kalte Waschung in der Früh, wenn man vom Bett noch gut erwärmt ist, weckt die Lebensgeister, kurz und zügig entweder die Arme und den Oberkörper oder die Beine mit einem gut feuchten Tuch abwaschen. Das Ganze dauert nicht viel mehr als eine Minute. Danach rasch anziehen und das herrliche Gefühl der Aktivierung genießen.

Was das Immunsystem betrifft, so werden gerade den Kneippschen Kaltwasseranwendungen bzw. der Hydrotherapie bestimmte Wirkungen zugesprochen. Sie härten den Körper ab, heißt es, machen ihn also widerstandsfähiger gegen die Angriffe von Erregern aller Art.

Wichtige Elemente der Kneipp-Anwendungen:

die **Reize durch das kalte Wasser** sollen kurz und gut dosiert sein
- wird Kälte mit Wärme gekoppelt (etwa bei **Wechselduschen**), dann sollte der Kaltreiz am Ende stehen
- die behandelten Arme, Knie oder Schenkel **nicht abtrocknen**, sondern lediglich abstreichen und von selber trocknen lassen
- dazu **Bewegungsübungen** machen, damit die Wiedererwärmung in Gang kommt

Vor allem das zuletzt Genannte – die Kombination von Kaltreizen mit anschließender Bewegung – hält **Dr. Regina Webersberger** für besonders wichtig. „Ich vermute, dass dem kranken Kneipp das kalte Donauwasser so gut getan hat, weil er schnellen Schrittes vom Priesterseminar zum Wasser gegangen ist und daher gut aufgewärmt war, als er untergetaucht ist. Danach hat er sich angekleidet und ist wieder schnellen Schrittes zurückgeeilt, was zur raschen Wiedererwärmung geführt hat“, so die Allgemeinmedizinerin, Kurärztin und Präsidentin der Österreichischen Gesellschaft für Kneipp-Medizin.

Die kurzen Kaltreize bedeuten für den Körper Stress, sagt Regina Webersberger. Und dieser akute Stress fordert den Körper heraus, den Kreislauf zu aktivieren, die Durchblutung zu steigern und sich so möglichst schnell wieder zu erwärmen. Das wiederum pusht das Immunsystem, weil bei diesem Prozess Antikörper gebildet werden. Der Kaltreiz lehrt aber den Körper mit der Zeit auch, immer besser mit Stresssituationen umzugehen und sich zu entspannen. Was auch zu besserem Schlaf führt – Stoff genug für unsere Fragen an die erfahrene Kurärztin.

FRAGE AN DIE EXPERTIN:

Dr. Regina Webersberger

Wie weit stärkt kaltes Wasser das Immunsystem?

Frau Dr. Webersberger, kommt man für ein Immuntraining mit den Kaltreizen alleine aus? Oder soll man die Kälte in Verbindung mit Wärme anwenden?

Dr. Webersberger: Beides ist möglich. Es hängt davon ab, wie schnell man sich nach dem Kaltreiz wieder erwärmen kann. Wer nach einem Saunagang kalt duscht, macht durch diesen radikalen Wechsel von Warm bzw. Heiß auf Kalt ein super Immuntraining. Dasselbe gilt für ein Wechselbad oder einen Wechselguss, übrigens zwei bedeutende Entdeckungen Kneipps.

Menschen, die sich gut von selbst erwärmen können, kommen auch mit dem Kaltreiz alleine bestens aus. Man macht zum Beispiel einen kalten Knieguss, ein kaltes Armbad oder geht durch eine Kneippanlage. Ganz wichtig ist, dass ein Kaltreiz nur auf einen warmen Körper treffen sollte. Wer friert, kalte Füße oder Hände hat, sollte kaltes Wasser nicht anwenden.

FRAGE AN DIE EXPERTIN:

Warum diese Empfehlung?

Dr. Webersberger: Grundsätzlich führt ein kurzer Kaltreiz zu einer Verengung der Blutgefäße, die danach von selbst wieder weit werden. Der Kaltreiz regt so indirekt die Durchblutung an, die Temperatur im Gewebe steigt an, weil mit dem Blut auch Wärme aus dem Inneren des Körpers herangeschafft wird. Man merkt dies daran, dass die mit dem kalten Wasser behandelten Arme oder Füße wieder wohlig warm werden. Ein angenehmes, entspannendes Gefühl. Diese Wiedererwärmung ist eigentlich das Entscheidende an der Hydrotherapie und das beste Zeichen dafür, dass man es richtig gemacht hat. Dadurch werden die Lebenskräfte sozusagen neu entfacht, was durch körperliche Aktivität im Anschluss an den Kaltreiz zusätzlich unterstützt wird.

Also lieber nicht bei jedem Wind und Wetter kneippen?

Dr. Webersberger: Die Umgebungstemperatur sollte angenehm sein, damit man nicht friert. Wer kalte Füße mit kaltem Wasser konfrontiert, läuft Gefahr, dass die Gefäße noch enger werden, so dass die Füße kalt bleiben und sich lange nicht von selbst wieder erwärmen. Ein unangenehmes Gefühl. Wer kalte Füße hat, sollte sie lieber mit einem warmen Fußbad erwärmen.

Und wenn man Erkältungssymptome hat, hustet und eine heisere Stimme hat? Darf man in diesem Zustand Kaltreize setzen oder ist eher Wärme wie ein Saunagang angesagt? Oder gar nichts von beiden?

Dr. Webersberger: Am Beginn einer Erkältung empfiehlt die Kneippmedizin die Steigerung der Durchblutung im Bereich der oberen Atemwege. Bei

Frösteln sind kalte Anwendungen tabu. Manchmal kann man den vollständigen Ausbruch des Infekts sogar verhindern. Das beste Mittel dafür ist ein ansteigendes Fußbad. Man beginnt bei 36 °C (wenn die Füße kalt sind, auch weniger) und lässt langsam heißes Wasser zulaufen, bis 39 °C erreicht sind. Insgesamt dauert so ein Fußbad circa 12 bis 15 Minuten, es kann zwei Mal täglich angewendet werden. Bei Krampfadern sind solche heißen Fußbäder leider nicht möglich.

Für alle Reizsymptome im oberen Respirationstrakt ist auch der so genannte Kopfdampf sehr sinnvoll. Es handelt sich dabei um ein Dampfbad für den Kopf und die oberen Atemwege. Beliebt ist die Verwendung von Thymian, Fichtennadelextrakt oder Kamille als Zusatz. Aus der Kräutermedizin kommt die Empfehlung, heißen Lindenblüten- oder Holunderblütentee zu trinken und danach im Bett zu schwitzen.

Was bewirken die Wasseranwendungen nach Kneipp für das Immunsystem? Härtet man sich tatsächlich ab?

Dr. Webersberger: Ja, es tritt eine gewisse Stärkung ein und der Körper kann mit den Kaltreizen immer besser umgehen, das heißt, sie schneller ausgleichen. Der akute Stress eines Kaltreizes bewirkt auch, dass der Körper vermehrt Abwehrzellen bildet, die dann dem Körper zur Verfügung stehen. Eine Studie aus den Niederlanden, an der mehr als 3.000 Personen teilnahmen, hat dies recht eindrucksvoll gezeigt. Die Teilnehmer wurden in vier Gruppen aufgeteilt. Eine Gruppe musste einen Monat lang nach der täglichen Dusche noch 30 Sekunden kalt nachduschen, die zweite Gruppe 60 Sekunden lang, die dritte Gruppe 90 Sekunden lang. Und die vierte Gruppe sollte gar nicht kalt nach-

FRAGE AN DIE EXPERTIN:

duschen. Das Ergebnis: Alle Personen, die kalt nachgeduscht haben, konnten ihre Krankenstandstage im Vergleich zu den „Normalduschern" um 29 Prozent reduzieren, egal, ob sie dies 30, 60 oder 90 Sekunden lang getan hatten.

Diese Studie konnte damit auch aufzeigen, dass ein kurzer Kaltreiz genügt. Diejenigen, die doppelt oder dreimal so lange kalt geduscht haben, waren nicht besser dran.

Gibt es noch andere Studien, die die (immunologische) Wirkung von Kneippen belegen?

Dr. Webersberger: Selbstverständlich. Eine andere, von einer angehenden Ärztin in Form einer Dissertation durchgeführte Studie mit 20 COPD*-Patienten in Deutschland, untersuchte beispielsweise die Wirkung von Oberkörpergüssen nach Kneipp, die dreimal pro Woche zehn Wochen hindurch gemacht wurden. Das Ergebnis: Einige Parameter der Lungenfunktion verbesserten sich zumindest moderat, einige immunologische Parameter wie die Lymphozytenzahl nahmen signifikant zu. Und im Zeitraum der Nachbeobachtung konnte man feststellen, dass durch die Abhärtung die Anzahl der Infekte gesunken ist. Was für COPD-Patienten einen wichtigen Benefit darstellt.

* Anmerkung der Verfasser: Bei einer COPD, einer chronisch obstruktiven Lungenerkrankung, ist die Lunge auf Dauer geschädigt, die Atemwege sind verengt, Husten und Auswurf sind charakteristisch. Erkältungen, grippale und andere Infekte verstärken die Beschwerden. Daher ist es für die Betroffenen wichtig, keine Infekte zu bekommen.

Eine weitere Studie zeigte, dass die Teilnehmer nach einer Serie Wassertreten nach Kneipp zwar auch an Infekten erkrankten, diese jedoch kürzer und milder verliefen als bei der Kontrollgruppe.

Also die Wasseranwendungen weisen positive Effekte auf, sie stärken beispielsweise den Organismus gegen verschiedene Erreger. Es geht aber bei Kneipp nicht nur um das Abwehren von Infekten, sondern durch die Kaltreize wird auch die Entspannung gefördert und der Schlaf verbessert und somit über Umwege das Immunsystem gestärkt.

Wie kann kaltes oder warmes Wasser den Schlaf verbessern?

Dr. Webersberger: Gerade die Kaltreize in Form eines Kniegusses oder einer kalten Waschung am Abend fördern das Absinken der Körpertemperatur und somit die Bereitschaft einzuschlafen. Wer unter kalten Füßen leidet, sollte wie gesagt Kälte meiden; dem hilft vielmehr ein warmes Fußbad am Abend, das die Entspannung fördert. Und das dazu beiträgt, dass über die bessere Durchblutung der Füße Wärme in diesem Bereich an die Umgebung abgegeben wird und so die Körpertemperatur in Richtung Schlafbereitschaft absinkt.

Das Fußbad wirkt übrigens bei älteren Menschen genauso gut wie ein warmes Wannenbad, ist jedoch viel einfacher zu praktizieren, wie japanische Wissenschaftler herausgefunden haben. Darüber hinaus belastet das warme Fußbad nicht den Kreislauf und spart im Vergleich zum Wannenbad Wasser und Energie.

FRAGE AN DIE EXPERTIN:

Hatte Kneipp auch Ideen, wie man Schlafstörungen beikommen kann?

Dr. Webersberger: Kneipp selbst empfahl eine kurze kalte Waschung, etwa der Arme, wenn man in der Nacht aufwacht und länger wach bleibt. Ein Gefäß mit kaltem Wasser und ein Tuch auf dem Nachttisch ermöglichen eine derartige Waschung auf ganz einfache Weise. Das ist gewiss zielführender als lästiges Grübeln über die Schlaflosigkeit.

Grundsätzlich rate ich Personen mit hartnäckigen Schlafstörungen, professionelle Hilfe zu suchen, zum Beispiel bei Schlafmedizinern. So kann man die Ursachen herausfinden und gegebenenfalls beseitigen. Ich denke aber, dass nichts dagegenspricht, auch mit einfachen begleitenden Maßnahmen nach Kneipp zu versuchen, die Schlafbereitschaft zu fördern.

Inwiefern helfen Kneippsche Wasseranwendungen gerade älteren Menschen?

Dr. Webersberger: Weil auch regelmäßige kleine Kaltreize ausreichend sind, um die Gesundheit zu fördern, kann man einfache und nicht aufwendige Maßnahmen durchführen, wie etwa ein kaltes Armbad oder eine kalte Waschung. Das sind keine aggressiven Maßnahmen, sie belasten den älteren Organismus nicht. Man muss kein Winterschwimmer werden, um davon zu profitieren; es genügt ein Waschbecken in normaler Größe.

Wer sich unsicher ist, weil eventuell bereits Krankheiten vorliegen, kann einen Kneipp-Arzt aufsuchen und sich nach entsprechenden Anwendungen für zu Hause erkundigen oder eine Kneipp-Kur in einem speziellen Kurhaus absolvieren, bei der man vieles für zu Hause lernt.

Grundsätzlich kann ich sagen, dass auch 80-Jährige mit Vorerkrankungen unglaublich gut auf Kneipp-Anwendungen reagieren. Nicht nur in puncto Abhärtung, sondern weil sie lernen, besser mit ihrer Krankheit umzugehen.

AUF EINEN BLICK

IMMUNTRAINING MIT KNEIPP-ANWENDUNGEN – EIN RESÜMEE

Anwendungen mit kaltem Wasser bewirken eine Stärkung der Abwehrkräfte. Auch bei älteren Personen. Man kann dieses Immuntraining in jedem Haushalt oder in der Natur durchführen, sollte aber darauf achten, dass einem vor und nach der Anwendung wohlig warm ist. Nach dem Kaltreiz kann man mit Bewegungsübungen die Wiedererwärmung gezielt unterstützen.

9

Musik und das Immunsystem

Musik bietet nicht nur unvergessliche Hörerlebnisse, sie weist auch zahlreiche therapeutische Effekte auf. Das wusste bereits die Heilkunde der Antike – eine Epoche, in der Medizin, Musik und Religion eine Einheit bildeten. Auch die moderne Wissenschaft befasst sich mit den Wirkungen von Musik. So kann sie etwa nachweisen, dass der gezielte Einsatz von Musik Körper, Seele und Geist und somit den ganzen Menschen beeinflusst, weil sie die Stimmung verbessert, Schmerzen reduziert, Stress und Anspannung vermindert, Ängste lindert und vieles andere mehr. Musik kommt dabei vor allem als zusätzliche Therapie zur schulmedizinischen Behandlung zum Einsatz. Einige Beispiele aus Medienberichten und der Fach- und Ratgeberliteratur mögen dies im Folgenden verdeutlichen (siehe auch Literaturverzeichnis).

Musik zur Prävention und als Therapie

Was die Schmerzreduktion und den Stressabbau betrifft, so kommt dem Hören von meditativer Instrumentalmusik große Bedeutung zu – der so genannten **rezeptiven Musiktherapie**. Sie fördert die Entspannung bei Schmerzen, erzeugt eine positive Stimmung und negative Gedanken verschwinden allmählich. Man hört sie am besten am Abend in der passenden Lautstärke über Kopfhörer, damit sich die nötige Müdigkeit einstellen kann. Musik wird sozusagen wie ein Medikament in entsprechender Dosis zum richtigen Zeitpunkt verabreicht, was bereits in einigen Kliniken praktiziert wird.

Vor einigen Jahren sorgte der Radetzkymarsch im klinischen Setting für Aufsehen; ein populäres Musikstück, das alljährlich das Neujahrskonzert der Wiener Philharmoniker abschließt. Man hat entdeckt, dass diese rhythmische Musik aus der Feder von Johann Strauss (Vater) das Zittern von **Parkinson**-Patienten nachweislich reduzieren und ihre Ganggeschwindigkeit verbessern kann.

Singen – unter anderem das Chorsingen – macht glücklich, ist gut für den Kreislauf, stärkt das Nervensystem und die Abwehrkräfte und fördert generell die Gesundheit, berichtete beispielsweise der Bayrische Rundfunk kürzlich unter Berufung auf führende Musikwissenschaftler.

TIPP FÜR ÄLTERE PERSONEN:

Welche Musik für welche Zwecke? – Probieren Sie in einem ruhigen Moment aus, welche Art von Musik für Sie ein entspanntes Eintauchen möglich macht. Als Beispiele hierfür empfehlen wir die Morgenstimmung aus der Peer-Gynt-Suite von Edvard Grieg, den 2. Satz aus dem Konzert für Violine und Orchester in h-Moll Op. 61 von Camille Saint-Saëns oder auch die Klänge einer Meditationsmusik, die Ihnen zusagt.
Vor allem sind Sie aber herzlich eingeladen, zu experimentieren und unterschiedliche Musikrichtungen nach Lust und Laune auszuprobieren. Achten Sie dabei vor allem darauf, wie sich die Musik auf Ihre Stimmung auswirkt. Fühlen Sie sich beispielsweise anschließend beschwingt oder eher ruhig und entspannt?

Vom **Seniorentanz**, für den sich die Bezeichnung „Tanzen ab der Lebensmitte" eingebürgert hat, weiß man, dass er ein überaus effektives Fitnesstraining darstellt, das auch die Koordination und somit die Trittsicherheit älterer Menschen fördert. Besser sogar als so mancher Ausdauersport, wie ein Zeitungsartikel unter Berufung auf eine Schweizer Studie einmal ausführte. Aber auch die geistige Fitness profitiert vom Tanzen, ähnlich wie durch Lesen oder durch das Lösen von Kreuzworträtseln. Diese Beispiele zeigen: Musik wirkt. Kommt Musik aber auch dem Immunsystem zugute? Wenn ja: Welche Musik? Muss man sie zu diesem Zweck hören, singen oder dazu tanzen? Muss man überhaupt musikalisch sein, um von Musik zu profitieren?

Wir haben diese und andere Fragen **Dr. Marie-Christine Klettner** gestellt. Die Medizinerin absolviert an der Universitätsklinik für Kinder- und Jugendpsychiatrie des Uniklinikums Salzburg die Ausbildung zur Fachärztin. Sie verfügt darüber hinaus über den Bachelor und den Master of Music, welchen sie nach vorherigem Studium an der Universität Mozarteum Salzburg in der Exzellenzklasse für Violine der Musikhochschule München bei Prof. Ana Chumachenco absolviert hat. Die bekannte Geigerin ist außerdem auf CD-Produktionen und in TV-Produktionen zu hören und zu sehen und konnte mehrere internationale Musikwettbewerbe gewinnen. Ihre wertvollen Verweise auf wissenschaftliche Literatur, die ihre Ausführungen im Interview untermauern, finden Sie im Anhang des Buches.

FRAGE AN DIE EXPERTIN:

Dr. Marie-Christine Klettner

Wie wirkt Musik auf das Immunsystem?

Frau Dr. Klettner, was sind Ihrer Meinung nach besonders markante Einflüsse von Musik auf das Immunsystem?

Dr. Klettner: Mit dieser oder ähnlichen Fragestellungen haben sich bereits mehrere wissenschaftliche Projekte intensiv beschäftigt. Es scheint, als habe Musik vor allem eine Auswirkung auf unseren Stresslevel, der unser Immunsystem nachweislich beeinflusst. Eine besonders wichtige Einflussgröße scheint dabei das Stresshormon Cortisol darzustellen, das im Rahmen mehrerer Untersuchungen sowohl durch aktives Musikmachen als auch bereits durch passives Musikhören signifikant reduziert werden konnte.

Aber Musik scheint auch andere körpereigene Substanzen zu beeinflussen, wie das Zytokin Interleukin-1, ein wichtiger Botenstoff in der Regulation unseres Immunsystems, oder Immunglobulin A, ein Antikörper, der vor allem in die Abwehr von Erregern an Schleimhautoberflächen involviert ist.

FRAGE AN DIE EXPERTIN:

Welche Wirkungen bzw. Effekte ergeben sich daraus?

Dr. Klettner: Einerseits ist es möglich, aufgrund eines niedrigeren Levels von Stresshormonen und durch eine höhere Konzentration bestimmter Antikörper zur Abwehr von Erregern eine verbesserte Ausgangslage für unser Immunsystem zu schaffen. Andererseits gilt es auch zu berücksichtigen, dass ein reduziertes Stresserleben emotional von Bedeutung ist, weil sich daraus eine steigende Lebensqualität ergibt. Musik scheint zudem Ängste und depressive Symptome lindern sowie unsere Stimmungslage positiv beeinflussen zu können.

Die vielversprechenden Auswirkungen musikalischer Angebote fielen auch im zeitlichen Umfeld von Operationen auf: Durch Musik vor oder während eines Eingriffs scheint der neuroendokrine Stress zu sinken, welcher sich auf das autonome Nervensystem und davon regulierte Stoffwechselprozesse auswirkt. Es liegen Daten vor, dass dadurch nicht nur die Angst vor einer Operation und die anschließende Zufriedenheit von Patient*innen positiv beeinflusst werden können, sondern auch die Schmerzen nach einer OP.

Mit Musik meinen Sie das Hören von Musik, das aktive Musizieren, das Singen oder das Tanzen?

Dr. Klettner: Prinzipiell meine ich jede Form von Musik bzw. Kunstrichtung. Bestimmte Effekte wie die Reduktion des Cortisol-Spiegels oder die steigende Konzentration von Immunglobulin A im Speichel scheinen zum Beispiel beim Singen oder aktiven Musikmachen besonders ausgeprägt zu sein. Psychisches Wohlbefinden und subjektive Lebensqualität können aber sowohl von aktiven als auch passiven künstlerischen Interventionen positiv beeinflusst werden.

Meiner Meinung nach hängt ein wesentlicher Anteil der Wirkung auch mit individuellen Neigungen zusammen: Die Menschen sollen sich letztlich für jene Kunstformen entscheiden, für die sie sich interessieren und die ihnen persönlich Freude bereiten. Wenn jemand beispielsweise mit klassischer Musik absolut nichts anfangen kann, werden potenziell positive Effekte möglicherweise geringer ausfallen. Es gibt allerdings Daten, welche vor allem der klassischen Musik und bestimmten Arten von Entspannungsmusik eine besonders heilsame Wirkung zuschreiben.

Muss man Musiker, Sänger oder Tänzer sein, um von den Vorteilen von Musik zu profitieren? Gelten die positiven Effekte auch für weniger musikalische oder unmusikalische Personen?

Dr. Klettner: Es ist nicht notwendig, sich auf professionellem Niveau mit Kunst auseinanderzusetzen, um davon zu profitieren. Ich gehe sogar so weit zu sagen, dass Kunst als Brotberuf die positiven Auswirkungen möglicherweise reduzieren kann, weil Druck und professionelle Ansprüche wiederum zu einem erhöhten Stresslevel führen können. Gelingt es, sich wirklich auf eine künstlerische Aktivität einzulassen und diese zu genießen, bin ich davon überzeugt, dass jeder Mensch positive Effekte erleben kann. Musikalische Vorbildung, Begabung und vor allem echtes Interesse können ein Einlassen mit allen Sinnen aber erleichtern.

FRAGE AN DIE EXPERTIN:

Wovon profitieren ältere Personen besonders: Vom aktiven Musizieren oder Singen bzw. Tanzen oder eher vom passiven Musikgenuss?

Dr. Klettner: Sowohl aktive als auch passive Beschäftigung mit Musik scheint positive Auswirkungen auf die subjektive Lebensqualität älterer Menschen zu haben, weil Musik die Stimmungslage verbessern und depressive Symptome verringern kann. Aktives Musizieren beinhaltet jedoch noch zusätzliche Vorteile: Einerseits das Ausführen teils ungewohnter Tätigkeiten, welche beispielsweise beim Singen oder Erlernen von Tanzbewegungen sowohl neue motorische als auch kognitive Reize bieten.

Andererseits ist auch die soziale Komponente nicht zu unterschätzen, weil aktive Angebote oft in Gruppen und mitunter außer Haus stattfinden. Dies beugt sozialer Isolation vor und ermöglicht ein Zugehörigkeitsgefühl, wodurch positive Erlebnisse noch zusätzlich verstärkt wahrgenommen werden können.

Dies gilt aber nicht nur im künstlerischen Kontext, sondern generell für soziale Aktivitäten älterer Menschen: Eine aktive Teilnahme am sozialen Miteinander wirkt sich nicht nur positiv auf die Lebensqualität und das psychische Wohlbefinden aus, sondern nachweislich auch auf den Erhalt kognitiver Fähigkeiten und funktionaler Fertigkeiten.

Wird Ihrer Meinung nach die Rolle der Musik als heilsame Kraft in der Medizin auch entsprechend gewürdigt und eingesetzt?

Dr. Klettner: Ich habe den Eindruck, dass die heilsame Wirkung von Musik mehr und mehr beforscht und zunehmend auch in unterschiedlichen medizinischen Bereichen genützt wird. Im Rahmen kinder- und erwachsenenpsychiatrischer Behandlung spielt Musik schon lange eine wesentliche Rolle und wird basierend auf einer ausgezeichneten Datenlage bei zahlreichen psychiatrischen Krankheitsbildern als therapeutische Intervention angeboten.

Es scheinen jedoch beispielsweise auch Patient*innen mit dementiellen Erkrankungen oder Menschen nach einem Schlaganfall im Rahmen der Neurorehabilitation wesentlich von musikalischen Angeboten zu profitieren, weshalb auch in diesen Bereichen Musik als Teil des Behandlungsplans mehr und mehr zum Einsatz kommt.

Vor kurzem habe ich eine Publikation zum Thema Schmerzmanagement auf Intensivstationen gelesen: Schmerz, Angst und Stress konnte man unter anderem bei Verbrennungsopfern durch unterschiedliche musiktherapeutische Interventionen signifikant reduzieren. Das Anwendungsspektrum von Musik in der Medizin scheint demnach sehr umfangreich zu sein und könnte in Zukunft noch breiteren und vielfältigeren Einsatz finden.

Man sollte allerdings nicht verschweigen, dass zu Beginn der Corona-Pandemie in Österreich gerade das Singen im Chor und das Tanzen in Discos zur Verbreitung des Virus beigetragen haben. Ist nicht auch Vorsicht angesagt, zumindest in Zeiten mit großer Infektionsgefahr?

Dr. Klettner: Gerade im geriatrischen Bereich ist diesbezüglich natürlich ein notwendiges Maß an Vorsicht geboten und es bedarf einer sorgfältigen Abschätzung des Ansteckungsrisikos. In Zeiten hoher Inzidenz erscheint es nicht sinnvoll, über einen längeren Zeitraum in einem geschlossenen Raum

FRAGE AN DIE EXPERTIN:

ohne FFP2-Maske miteinander zu singen oder zu tanzen, insbesondere, wenn Menschen mit einem erhöhten Risiko für schwere Verläufe von Infektionserkrankungen involviert sind.

Dennoch bleibt abzuwägen, ob ein modifiziertes künstlerisches Angebot vertretbar sein könnte, wie es zum Teil in Außenbereichen und kleinen Gruppen ja auch umgesetzt wurde. Die positiven Auswirkungen künstlerisch-sozialer Aktivitäten auf das seelische Wohlbefinden sind nicht zu unterschätzen und können sich mit ausreichenden Sicherheitsvorkehrungen bekanntermaßen auch auf das Immunsystem günstig auswirken.

Wie verhält es sich bei Ihnen selbst? Als Ärztin und Musikerin müssen Sie ja über die stärksten Abwehrkräfte verfügen?

Dr. Klettner: Sagen wir es so: Als Ärztin und Musikerin weiß ich über die Zusammenhänge, Wirkfaktoren und unglaublichen Fähigkeiten unseres Körpers, Geistes und der Seele in vielen Aspekten Bescheid. Ich schätze die Möglichkeiten, die uns allen durch Kunst, Musik und Medizin geboten werden, und empfinde Inseln des entspannten Genießens als unglaublich wohltuend. Der Stresslevel beider Berufe macht einem die praktische Umsetzung aber nicht immer ganz so einfach.

AUF EINEN BLICK

MUSIK UND DAS IMMUNSYSTEM – EIN RESÜMEE

Musik weist zahlreiche positive Auswirkungen auf das Immunsystem auf. So regt vor allem das aktive Musikmachen die Produktion von bestimmten Antikörpern an, die für die Abwehr von Erregern wichtig sind. Darüber hinaus senkt sowohl aktives Musikmachen als auch passiver Musikgenuss das Stresshormon Cortisol, reduziert Ängste und depressive Verstimmung und bietet somit dem Immunsystem eine gute Basis. Das Erlernen von Tanzbewegungen wiederum fördert die Motorik und das Gedächtnis und bietet soziale Kontakte, wichtig vor allem für ältere Personen. Ein wesentlicher Anteil der positiven Wirkung von Musik hängt auch mit individuellen Neigungen zusammen. Man soll sich also letztlich für jene Formen von Musik entscheiden, die einem persönlich Freude bereiten.

10

Immunsystem bei chronischen Krankheiten

Im Gegensatz zu akuten Erkrankungen, die plötzlich auftreten, wie eine Sportverletzung oder ein Herzinfarkt, weisen chronische Erkrankungen einen langsamen, schleichenden Verlauf auf. Man denke an eine Zuckerkrankheit (Diabetes mellitus) oder an Multiple Sklerose, an chronische Erkrankungen des Bewegungsapparates, chronische Schmerzsyndrome, Depressionen, Demenz oder auch Krankheiten des Rheumatischen Formenkreises und so weiter. Bei solchen Erkrankungen liegt ein genauer Beginn häufig im Dunkeln, die auslösenden Faktoren bleiben nicht selten unbekannt. Die Erkrankung kann darüber hinaus in vielen Fällen nur schwer oder gar nicht geheilt werden.

Sehr wohl aber kann man den Verlauf chronischer Erkrankungen günstig beeinflussen und gut damit leben – dank immer effizienterer Behandlungsmöglichkeiten. Und unter kräftiger Mitwirkung der Betroffenen, versteht sich. Typische Beispiele stellen die arterielle Hypertonie dar, also der weit verbreitete Bluthochdruck, aber auch der zuvor erwähnte Diabetes oder die chronische Herzinsuffizienz (Herzschwäche). Sie zeigen, dass man mit solchen Erkrankungen recht passabel und lange leben kann.

Ein langes Leben trotz Krankheit

Die Zahl der Personen, die an chronischen Krankheiten leiden, hat in den vergangenen Jahren und Jahrzehnten deutlich zugenommen; weil sie mit höherem Lebensalter immer wahrscheinlicher auftreten und weil der Anteil der Älteren an der Gesamtbevölkerung wächst. Und weil die Behandlungsmöglichkeiten immer besser werden. Letzteres stellt eigentlich eine Erfolgsstory dar, denn auf diese Weise kann man beispielsweise durch eine konsequente Blutdruckbehandlung das Auftreten von Herzinfarkten und Schlaganfällen reduzieren, die Lebensqualität erhöhen und dadurch das Leben verlängern.

Auch mit der Zuckerkrankheit lässt sich dank einer modernen Diabetestherapie mittlerweile gut leben. Den gefürchteten Spätkomplikationen des Diabetes – wie Herz-Kreislauf-Beschwerden, Erkrankungen der Augen, der Nieren oder dem Diabetischen Fuß – kann man bei optimaler Blutzuckereinstellung ebenfalls effizient vorbeugen.

Moderne Medikamente senken den Cholesterinspiegel und vermindern dadurch das Auftreten und Fortschreiten einer Atherosklerose (Gefäßverkalkung). Sie können letztendlich Herzinfarkte, Schlaganfälle und andere Krankheiten, die durch Atherosklerose bedingt sind, reduzieren. So ist in vielen Fällen trotz chronischer Erkrankung ein langes Leben bei relativ guter Lebensqualität möglich. Auch Krebserkrankungen weisen durch moderne Möglichkeiten der Früherkennung und durch effizientere Behandlungsmöglichkeiten eine immer bessere Prognose und eine wesentlich höhere Überlebenswahrscheinlichkeit auf.

Wie chronische Krankheiten das Immunsystem belasten

Was hat das alles mit dem Immunsystem zu tun? – Nun, da gibt es mehrere Berührungspunkte:

Wie in Kapitel 3 bereits geschildert, nimmt die Immunkompetenz, also die Fähigkeit des Immunsystems, Erreger abzuwehren, mit zunehmendem Alter ab. Ein natürlicher Vorgang. Wenn dann noch eines oder mehrere der genannten chronischen Gesundheitsprobleme dazukommt bzw. -kommen, ergibt sich eine Situation aus nachlassenden Abwehrkräften vor dem Hintergrund erhöhter Anforderungen. Eine ganz spezielle

Herausforderung. Nehmen wir als Beispiel die häufig auftretenden **Arthrosen**, also die Abnützung von Gelenken, allen voran die Hüft- und Kniegelenksarthrosen: Aufgrund der Gelenksschmerzen können oder wollen sich Betroffene weniger bewegen, was bedeutet, dass sie weniger Sport betreiben, sich weniger an der frischen Luft aufhalten, wodurch mit der Zeit ihre Muskelmasse abnimmt. Es fehlen somit wichtige positive Stimuli zur Stärkung des Immunsystems.

Ein weiteres Beispiel: Zur Bekämpfung von Schmerzen – bei Arthrose oder anderen Beschwerden – werden oft Schmerzmittel eingenommen, vielleicht sogar über einen längeren Zeitraum oder gar dauerhaft. Diese **Medikamente** wiederum können mehrere Organsysteme beeinflussen. Manche führen zum Beispiel zu Appetitverlust und Übelkeit. Wenn es dadurch zu einer verminderten Nahrungsaufnahme kommt oder zu einer Schädigung der Darmflora, fehlen dem Organismus wertvolle Nährstoffe. Auch solche, die für das Immunsystem wichtig sind.

Ein Nährstoffdefizit kann sich auch ergeben, wenn man Magenschutzpräparate oder Säureblocker einnimmt, die die Bildung von Magensäure und somit lästiges Sodbrennen verringern. In der Fachsprache werden sie Protonenpumpenhemmer genannt. Sie werden besonders häufig verschrieben und können bei Langzeitanwendung die Aufnahme der wichtigen B-Vitamine und diverser Mineralstoffe und Spurenelemente einschränken, weil sie in Vorgänge des Verdauungstraktes eingreifen.

Andere Medikamente müssen sogar das Immunsystem gezielt unterdrücken, um Schaden zu vermeiden, wie bei der Behandlung der Rheumatoiden Arthritis, der Multiplen Sklerose und anderer Autoimmunerkrankungen, oder nach einer Organtransplantation, wie die Fallbeispiele in Kapitel 2 zeigen. Ohne diese Medikamente, die Immunsuppressiva genannt werden, würde der Organismus in fehlgeleiteten Reaktionen körpereigene Strukturen angreifen oder ein neues lebenswichtiges Organ abstoßen.

Mit einem Wort: Sowohl chronische Erkrankungen als auch deren medikamentöse Behandlung können das Immunsystem negativ beeinflussen bzw. schwächen. An dieser

Stelle wird deutlich, wie wichtig es ist, das Immunsystem auf „natürliche“ Weise zu stärken oder fit zu halten, wie in den Kapiteln über Bewegung, Ernährung oder Abhärtung durch Kneippanwendungen und so weiter erwähnt. Denn man kann schließlich die wichtigen und zum Teil lebensnotwendigen Medikamente nicht einfach absetzen.

Es gibt aber neben diesen „natürlichen“ stärkenden Möglichkeiten noch eine überaus bewährte Methode, auch im Alter für ein potentes Immunsystem zu sorgen:

Impfungen

Impfungen verhelfen dem Immunsystem sozusagen auf die Sprünge. Im Zuge einer Impfung **(aktive Immunisierung)** werden abgeschwächte bzw. tote Krankheitserreger oder einzelne Moleküle des Krankheitserregers injiziert, die das Immunsystem veranlassen, Abwehrstoffe (so genannte Antikörper) zu bilden, die vor einer ansteckenden Krankheit schützen. Man wird dadurch immun oder zumindest weitgehend immun gegen bestimmte Erreger. Daher wird eine Impfung auch als Immunisierung bezeichnet.

Bei einer **passiven Immunisierung** werden bereits fertige Antikörper gegen einen Krankheitserreger gespritzt; die Wirkung hält dann nicht sehr lange an (Wochen bis Monate), da diese Antikörper bald wieder ausgeschieden werden. Manche Impfungen gewähren einen lebenslangen Schutz (wie bei Masern/Mumps/Röteln), andere müssen jährlich verabreicht werden, etwa die Grippeschutzimpfung, weil sich auch die Erreger von einer Grippesaison zur nächsten verändern und weil der Impfstoff auf die neuen Erreger abgestimmt wird. Wiederum andere Impfungen werden in bestimmten Abständen aufgefrischt, weil ihre Schutzwirkung allmählich nachlässt, wie etwa die so genannte Zeckenschutzimpfung (Impfung gegen die Frühsommer-Meningoenzephalitis, kurz FSME, also die gefährliche Gehirnhautentzündung). Nach der Grundimmunisierung sollte die Auffrischung bei Erwachsenen alle fünf Jahre, ab dem 60. Lebensjahr bereits alle drei Jahre erfolgen, um den Schutz aufrechtzuerhalten.

Covid-19, Grippe, Pneumokokken

Erinnern wir uns an die **Corona-Pandemie**. Als die ersten Impfstoffe verfügbar waren, wurden sie zuerst besonders vulnerablen Bevölkerungsgruppen verabreicht, also alten und chronisch kranken Personen. Aus gutem Grund. Denn diese Personen sind besonders gefährdet; sie haben aufgrund ihrer reduzierten Abwehrkräfte ein erhöhtes Risiko, sich zu infizieren und einen schwereren Verlauf zu erleiden. Dies gilt übrigens auch für das **Grippevirus (Influenza)**, das gerade für ältere Menschen einen besonders gefährlichen Erreger darstellt. So betreffen etwa 80 Prozent der Todesfälle, die auf die Influenza zurückzuführen sind, Menschen über 60 Jahre.

Oder denken wir an die Pneumokokken, das sind Bakterien, die Lungenentzündungen, Entzündungen des Mittelohrs und der Hirnhaut (Meningitis) hervorrufen können. Es kann im Zuge dieser Infektion auch eine Blutvergiftung (Sepsis) auftreten. Eine Lungenentzündung aufgrund von Pneumokokken (Pneumokokkenpneumonie) tritt bei betagten und hoch betagten Personen sehr häufig auf und führt oft – vor allem bei Nicht-Geimpften – zu einem schweren Verlauf. Aus diesem Grund werden derzeit chronisch kranke und ältere Menschen jährlich eingeladen, sich gegen Grippe oder eine Pneumokokkeninfektion impfen zu lassen.

Gürtelrose

Auch gegen die Gürtelrose kann man sich impfen lassen. Diese Impfung wird aktuell ab dem 50. Lebensjahr empfohlen. Gürtelrose ist sehr häufig, in der Altersgruppe der 80- bis 85-Jährigen sind bis zu 50 Prozent der Menschen betroffen. Es handelt sich um Personen, die sich in der Kindheit mit Windpocken (Feuchtblattern) infiziert haben. Wer nämlich die Windpocken als Kind überstanden hat, trägt auch im späteren Leben den Erreger in seinem Körper. Dieser versteckt sich praktisch in den Nervenbahnen und wird vom funktionierenden Immunsystem unterdrückt. In Phasen einer Schwächung des Immunsystems kann es dann zum Ausbruch der Gürtelrose, Herpes Zoster genannt, kommen (was auch bei Jüngeren möglich ist). Dagegen kann man sich wie gesagt impfen lassen.

Außer diesen Beispielen gibt es noch andere Impfempfehlungen, die von der individuellen Risikosituation, aber auch vom Reiseverhalten abhängen. Die Empfehlungen werden regelmäßig aktualisiert, auch die Impfstoffe werden entsprechend angepasst. Es zahlt sich aus, mit dem Hausarzt die entsprechenden Impfempfehlungen und auch andere Möglichkeiten zur Stärkung des Immunsystems zu besprechen. Er kennt Sie und Ihre eventuell vorliegenden Erkrankungen am besten.

Betagte, hochbetagte, gebrechliche Personen

Wie im Abschnitt über Bewegung und Sport zu lesen war, sind viele ältere Personen nicht nur (chronisch) krank, sondern vielfach auch schwach, was nicht nur ihre Lebensqualität beeinträchtigen, sondern auch ihre Gesundheit gefährden kann. Sie tun sich beispielsweise schwer, die Stufen zu ihrer Wohnung zu bewältigen, ihre Einkäufe nach Hause zu tragen. Auch die Gehfähigkeit und Gehgeschwindigkeit nimmt aufgrund ihrer körperlichen Schwäche ab. Außerdem laufen sie immer wieder Gefahr zu stolpern und zu stürzen und sich dabei schwer zu verletzen, indem sie zum Beispiel einen Knochenbruch erleiden. Sie haben oft nicht mehr die Kraft, alleine aus der Badewanne zu steigen und müssen um Hilfe rufen. Dieser

TIPP FÜR ÄLTERE PERSONEN:

Eiweißreiche Mahlzeit: Wenn man Eier in Maßen genießt, muss man sich um das Cholesterin nicht wirklich sorgen.

Unser Tipp: Man nehme drei Eier, das Eigelb (es enthält wertvolle Vitamine, aber auch mehr Fett und Cholesterin) nur von einem Ei, das Eiklar von allen dreien. Denn vor allem das Eiklar enthält essentielle Aminosäuren, die der Körper nicht selbst herstellen kann, wie zum Beispiel das für die Immunabwehr wichtige Lysin oder das für die Muskeln und die Blutzuckerregulation relevante Leucin. (Das übrig gebliebene Eigelb kann man übrigens ein paar Tage in einem Behälter im Kühlschrank aufbewahren.) Dazu gibt man hochwertiges Öl Öl – zum Beispiel Olivenöl (nicht zu hoch erhitzen; natives Olivenöl extra bis zu 180° C!) und bereitet in der Pfanne schonend eine g'schmackige Eierspeise. Dazu ein Stück Gebäck und schon hat man eine einfache und kräftigende Mahlzeit.

Zustand verminderter Kraft und Belastbarkeit im Alter wird in der Wissenschaft „Gebrechlichkeit“ (engl.: frailty) genannt. Häufig geraten ältere Personen mit einer chronischen Erkrankung oder nach einer überstandenen Krankheit wie einer Lungenentzündung oder einem Knochenbruch in den Zustand der Gebrechlichkeit.

Daher ist es überaus wichtig, der Gebrechlichkeit durch verschiedene Maßnahmen vorzubeugen und entgegenzuwirken, wie zum Beispiel durch eine Impfung gegen Lungenentzündung (Pneumokokken-Schutzimpfung).

Einige zusätzliche Maßnahmen seien im Folgenden genannt:

- Liegt eine Erkrankung vor, so sollte diese behandelt werden, um Gebrechlichkeit als Begleiterscheinung oder Folge zu vermeiden.

- Ab einer gewissen Beeinträchtigung macht es Sinn, ein Hausnotrufsystem anzuschaffen, wie es zahlreiche Hilfsorganisationen und private Unternehmen anbieten. So kann man im Notfall durch einfachen Knopfdruck auf das Gerät am Handgelenk Hilfe anfordern. Wichtig ist auch, dass man Hörgeräte und Sehhilfen tatsächlich verwendet, dass Stolperfallen aus der Wohnung entfernt werden und Ähnliches.

- Wir halten es aber auch für wichtig, die Muskelkraft zu erhalten bzw. zu stärken. Dazu kann man gezielte Kraftübungen machen, wie in Kapitel 5 besprochen. Kleine, unscheinbare, kräftigende Bewegungen kann man aber auch jederzeit in den Alltag einbauen. Das kann ganz einfach und niederschwellig geschehen: Eine Busstation früher aussteigen und ein Stück zu Fuß gehen. Wer etwa im vierten Stockwerk mit Lift wohnt, könnte zu Fuß in den ersten Stock gehen und erst dann mit dem Lift fahren. Und nach ein bis zwei Wochen die Gehstrecke erweitern. Denn:

Jeder Schritt zählt, jede Stufe zählt – ein bisschen Bewegung ist besser als gar keine!

- Eine Studie der Universität Cambridge hat sehr eindrucksvoll gezeigt, dass bereits elf Minuten flottes Spazieren täglich positive Effekte auf die Gesundheit haben. Eine wichtige Information, denn viele Personen schaffen die genannten Bewegungsempfehlungen der WHO kaum (150 Minuten in mittlerer Intensität pro Woche)!

- Ebenfalls eine mögliche Übung: Aus dem Sessel aufstehen, ohne sich an den Armlehnen abzustützen – und dies eventuell mehrmals wiederholen. Zwischendurch aufstehen und einfach fünf Minuten stehenbleiben oder Ähnliches.

Bewegung in den Alltag einzubauen ist gerade für betagte und gebrechliche Personen wichtig und in vielen Fällen realistisch umzusetzen. Charmante Hilfestellungen mit viel Motivation für regelmäßige Bewegung liefern zum Beispiel die Bewegungsexperten verschiedener TV-Sendungen, vornehmlich am Morgen. Im ORF sind es Sendungen wie „Fit mit Philipp" oder „Fit Aktiv für Junggebliebene". Diese Formate bieten nachvollziehbare Anleitungen für Junge genauso wie für Betagte und Menschen mit Einschränkungen, je nach ihren individuellen Möglichkeiten. Sie werden mit einer erfrischenden Prise Humor präsentiert und können einige Tage im Nachhinein online angeschaut werden.

Und wieder die Ernährung ...

Alte Menschen profitieren übrigens nicht nur von kräftigenden Übungen, sondern auch von einer ausreichenden Zufuhr wertvoller Energie, etwa mit hochwertigem Eiweiß. Sie sollten also auch auf eine ausgewogene Ernährung achten (siehe auch Kapitel 4). Eier galten zum Beispiel lange Zeit als ungesund, weil sie viel Cholesterin enthalten. Früher dachte man, dass sie bei Personen mit einem hohen Cholesterinspiegel die Arterienverkalkung/Atherosklerose begünstigen könnten. Dies würde gleichzeitig das Risiko für Herzinfarkt oder Schlaganfall erhöhen.

Mittlerweile aber hat man herausgefunden, dass der Genuss von Eiern keinen Einfluss auf das Risiko für Herz-Kreislauf-Erkrankungen hat. Eier stellen eine wichtige und hochwertige Proteinquelle dar, weshalb sie in Kombination mit anderen wertvollen Nährstoffen einen positiven Beitrag zur Gesamtgesundheit und somit auch zu einem guten Immunsystem leisten (siehe Tipp auf Seite 133).

AUF EINEN BLICK

CHRONISCHE ERKRANKUNGEN UND IMMUNSYSTEM – EIN RESÜMEE

Sowohl chronische Erkrankungen als auch deren (medikamentöse) Behandlungen können das Immunsystem beeinträchtigen. Daher ist es vor allem für ältere Personen mit chronischen Erkrankungen wichtig, durch entsprechende Maßnahmen dem Immunsystem auf die Sprünge zu helfen. Etwa mit Hilfe von Impfungen, regelmäßiger Bewegung oder ausgewogener Ernährung.

11

Vom Willen zur Umsetzung

Blenden wir zurück auf die ersten Kapitel dieses Buches. Dort haben wir das Immunsystem als ein komplexes Zusammenspiel von Organen, Zellen, Sekreten, Barrieren wie Haut und Schleimhäuten sowie vielem anderen kennengelernt. Nicht zu vergessen das Mikrobiom des Darms – ein ganz wesentlicher Bestandteil der Abwehr. Bei dieser Vielzahl an „Mitwirkenden" an der körpereigenen Abwehrarbeit ist es verständlich, dass es auch mehrere Möglichkeiten und Hebeln gibt, einzugreifen und das Immunsystem günstig zu beeinflussen.

Einige besonders wichtige Möglichkeiten haben wir im speziellen Teil dieses Buches vorgestellt. Es handelt sich durchwegs um Maßnahmen, die man ohne große Schwierigkeiten und ohne großen Aufwand umsetzen kann, weil sie sehr niederschwellig sind und mit unserem Alltag zu tun haben. Etwa mit dem täglichen Zubereiten der Mahlzeiten, mit bewegten Aktivitäten in der Freizeit oder mit der täglichen Dusche. Wir hoffen, dass Sie bei der Lektüre auf einige Anreize gestoßen und motiviert sind, entsprechend tätig zu werden – Ihrer Gesundheit zuliebe.

Wenn Sie zusätzlich noch ärztlichen Rat einholen möchten, dann rundet dies das Vorhaben weiter ab. Denn gerade Ihr Hausarzt kennt Sie und Ihren Gesundheitszustand wohl am besten.

Ins Tun kommen

Wenn Sie also grundsätzlich gewillt sind, etwas auszuprobieren oder gar zu verändern, dann ist das eine gute Voraussetzung, seine Gesundheit auf Vordermann zu bringen. Doch das Vorhaben dann tatsächlich anzugehen, sich auf einen Prozess einzulassen, aktiv zu werden, die Sache voranzutreiben und letztlich durchzuziehen, ist eine andere Sache.

Dessen ist sich die Disziplin der Psychologie seit langem bewusst. Sie unterscheidet in diesem Zusammenhang zwischen

Motivation, dem grundsätzlichen Willen,
und der
Volition, der tatsächlichen Umsetzung des Willens, also des Vorhabens.

Und im Laufe dieses Prozesses können zahlreiche Hürden und Stolpersteine auftauchen, trotz hoher Motivation zu Beginn. Zum Beispiel fehlender bzw. nachlassender Wille, es tatsächlich durchzuziehen (besser bekannt als der „innere Schweinehund"), Entscheidungsschwäche, Unsicherheit, die Verlockung Entscheidungen hinauszuzögern und aufzuschieben (die so genannte „Prokrastination", besser bekannt als „Aufschieberitis"). Alles in allem Verhaltensweisen, die nicht gerade förderlich sind, um ein Vorhaben zum gewünschten Erfolg zu führen.

Damit der Prozess von der Willensbildung über die Umsetzung bis hin zu einem zufriedenstellenden Ergebnis auch gelingt, werden in der Literatur zahlreiche Schritte genannt. So hat diesbezüglich das vorausschauende Planen eine große Bedeutung, ebenso das Fokussieren auf das Wesentliche, die Stärkung der Selbstdisziplin und so weiter. Außerdem wird empfohlen, auf dem Weg zu einem Ergebnis immer wieder innezuhalten, um das Erreichte zu überprüfen und zu bewerten, und das weitere Vorgehen darauf abzustimmen.

Auch wir haben uns Gedanken darüber gemacht, wie man den Prozess von der Motivation zur Volition bzw. Umsetzung erfolgreich gestalten könnte. Die Verbesserung der Gesundheit mit Hilfe immunstimulierender Ernährung oder die Kräftigung der Muskulatur und letztlich der Abwehrkräfte durch regelmäßige Bewegung stellen attraktive Ziele dar. Aber der Weg dahin ist trotzdem kein Selbstläufer.

Und so haben wir nochmals beim Psychologen **Dr. Andreas Kaiser** nachgefragt, dem Leiter des Instituts für Klinische Psychologie am Uniklinikum Salzburg, ob es einige Tipps gibt, die es erleichtern, solche Vorhaben in die Realität umzusetzen.

FRAGE AN DEN EXPERTEN:

Dr. Andreas Kaiser

Wie kann das Vorhaben gelingen?

Herr Dr. Kaiser, gibt es Strategien, die die grundsätzliche Bereitschaft für einen gesunden und immunstärkenden Lebensstil befeuern können?

Dr. Kaiser: Wichtig ist, dass man sich ein Ziel vornimmt, das machbar ist. Wenn ich dann mein Ziel gemeinsam mit jemand anderem beschließe, dann wird es wesentlich verbindlicher. Man kann aber auch sein Immunsystem durch Stressreduktion stärken.

Gibt es einen psychologischen Trick, wie man weniger Stress empfinden könnte?

Dr. Kaiser: Zum Beispiel durch Achtsamkeit. Achtsamkeit heißt, dass die Aufmerksamkeit dabei zur Gänze auf das Hier und Jetzt fokussiert ist, zum Beispiel auf das Zubereiten einer gesunden Speise, das Decken des Tisches oder auf die einzelnen Schritte beim Laufen. Kein Bewerten trübt dieses Tun, es ist nicht gut und nicht schlecht, es ist einfach. Das ist unglaublich erholsam, meditativ, trotz der Arbeit, die man beim Kochen verrichtet, trotz der Belastung beim Laufen.

FRAGE AN DEN EXPERTEN:

Was kann man sonst noch tun?

Dr. Kaiser: Man könnte auch eine Belohnung definieren, für den Fall, dass man ein bestimmtes Ziel erreicht. Und man könnte sich an diese Belohnung immer wieder erinnern, sie gedanklich vorziehen sozusagen. Das kann motivieren, dranzubleiben.

Wer es noch etwas verbindlicher möchte, könnte auch einen Vertrag mit sich selbst schließen, in dem schriftlich festgehalten wird, dass das Vorhaben auch umgesetzt wird. Ein Vertrag, den man dann natürlich auch einhält, weil man sich vielleicht auch Sanktionen auferlegt hat für etwaiges Nicht-Gelingen. Und der auch eine entsprechende Belohnung beinhalten kann, wenn es gelingt.

Wie steht es um die „smarte" Herangehensweise*, um ein Ziel zu erreichen?

Dr. Kaiser: Das ist sicher auch ein probates Mittel. Wie bereits erwähnt sollten Ziele machbar sein. Aber eben auch spezifisch, messbar, attraktiv, realistisch und terminiert. Der gesamte Prozess von der Ausgangslage bis zum Erreichen des Zieles wird dadurch gegliedert, sozusagen portioniert, was das Vorhaben erleichtern kann.

***„smart"** setzt sich zusammen aus den Anfangsbuchstaben von spezifisch, messbar, akzeptiert, realistisch und terminiert. Das heißt: Spezifisch ist ein Ziel, wenn Sie sich vornehmen, ab nächster Woche die zweieinhalb Stunden moderaten Sport zu betreiben, wie es die WHO empfiehlt. Ob Sie beim Laufen oder Walken auch auf dieses Pensum kommen, ist leicht überprüf- und messbar. Sie akzeptieren dieses Ziel, weil Sie bald merken, dass es Ihnen guttut; dass Sie besser werden. Es ist darüber hinaus realistisch, weil es mit dem Alltag super vereinbar ist. Und das Ziel wird auch terminiert, wenn klar ist, bis zu welchem Zeitpunkt was erreicht werden soll. Das „smart"-Konzept geht auf den amerikanischen Ökonomen österreichischer Herkunft – Peter Ferdinand Drucker – zurück und hat vor allem in der Unternehmensberatung und im Coaching Fuß gefasst.

Tun sich eigentlich ältere Personen leichter als jüngere, wenn es darum geht, ein Ziel konsequent zu verfolgen? Man sagt ja, dass sie meist gesundheitsbewusster sind als Jüngere.

Dr. Kaiser: Das hängt eher von der Persönlichkeit als vom Alter ab. Aber sicherlich spielt die Lebenserfahrung eine gewisse Rolle bei der Umsetzung von Gesundheitszielen. Es kann aber auch umgekehrt der Fall sein, dass sich Ältere schwerer von einem Weg abbringen lassen, da sie ihn bereits seit Jahren verfolgen. Das ist von Fall zu Fall verschieden.

Was kann noch dabei helfen, eine „gesunde" Veränderung im Alltag zu bewirken?

Dr. Kaiser: Was auf alle Fälle sehr anspornend wirken kann, etwas Neues zu versuchen und dies auch durchzuziehen, ist die aktive Teilnahme an einer Gruppe, zum Beispiel einer Wandergruppe oder einer Tanzrunde, die regelmäßig zusammenkommt. Es ist schön und motivierend, mit einer Gruppe Erlebnisse teilen zu können.

AUF EINEN BLICK

WIE KANN ES GELINGEN? – EIN RESÜMEE

Es gibt mehrere Möglichkeiten und Methoden, um sich für gesunde Verhaltensweisen zu motivieren und neue Wege einzuschlagen. Das Wichtigste: Man muss es wollen und dann auch tun. Die bloße Absicht genügt nicht, es zählt der erste Schritt!

12

Ein allerletzter Tipp für ältere Personen

Der Spruch „Der Weg ist das Ziel“ wird dem chinesischen Philosophen Konfuzius (um 500 v. Chr.) zugeschrieben. Für unser Thema Immunsystem könnte man den kurzen Satz in eine Lebensweisheit abwandeln, die folgendermaßen lautet:

Allein der Weg kann bereits ein lohnendes Ziel darstellen.

Wir sind nämlich der Ansicht, dass es sich auf alle Fälle lohnt, den Weg der Immunstärkung einzuschlagen. Auch wenn wir keine Erfolgsgarantie dafür abgeben können, dass Sie von nun an über robustere Abwehrkräfte verfügen als je zuvor. Aber vielleicht können Sie nach konsequenter Anwendung zumindest einer der genannten Maßnahmen besser schlafen, sind ausgeglichener, gelassener, fitter und leistungsfähiger, sind Ihrem Wunschgewicht etwas näher gerückt, die Verdauung arbeitet wieder zufriedenstellend und auch Ihre Blutdruckwerte haben sich nach unten entwickelt. Wenn davon etwas zutrifft, haben Sie bereits ein Stück Gesundheit dazugewonnen. Vielleicht haben Sie darüber hinaus Spaß daran gefunden, aus hochwertigen Lebensmitteln gesunde Mahlzeiten zu bereiten, haben für sich eine neue Sportart entdeckt oder Zugang in eine nette Gruppe zum Singen oder Tanzen erhalten. Damit haben Sie auch ein Stück Lebensqualität gewonnen. Daher könnte eine weitere Abwandlung des Spruchs von Konfuzius ungefähr so lauten:

Unterwegs zu sein ist ebenso wichtig wie anzukommen!

Die Autoren

Prof. Dr. Peter Weiler, MSc ist Facharzt für Innere Medizin und Geriatrie, Arzt für Allgemeinmedizin sowie stellvertretender Abteilungsvorstand für Innere Medizin an der Landesklinik St. Veit, Lehrkrankenhaus der Paracelsus Medizinischen Privatuniversität. Sein umfangreiches Wissen gibt er unter anderem im Rahmen nationaler und internationaler Lehr- und Vortragstätigkeiten weiter. Im Jahr 2021 wurde Weiler das Goldene Ehrenzeichen für Verdienste um die Republik Österreich verliehen.

Mag. Wolfgang Bauer ist freiberuflicher Gesundheitsjournalist (u. a. für das Magazin „MEDIZIN populär") sowie Co-Autor mehrerer Ratgeber.

Lexikon der wichtigsten Fachbegriffe

A

Adrenalin:
ein Hormon, das bei Stress ausgeschüttet wird und das den Körper in einen Alarmzustand versetzt. Zu viel Adrenalin im Blut schwächt auf Dauer das Immunsystem.

Allergie:
überschießende Abwehrreaktion des Körpers auf Stoffe, die von außen in den Körper gelangen, zum Beispiel Pflanzenpollen.

Antigene:
eindringende Erreger wie Bakterien, Viren oder Pilze.

Antikörper:
Proteine, so genannte Immunglobuline, die von Plasmazellen zur Abwehr von Antigenen gebildet werden.

Antioxidantien:
in unserem Zusammenhang sind damit Vitamine, sekundäre Pflanzenfarbstoffe und andere Stoffe gemeint, die schädlich wirkende Substanzen (so genannte Freie Radikale) auffangen und neutralisieren.

Autoimmunerkrankung:
bei einer Autoimmunerkrankung richtet sich das Immunsystem gegen den eigenen Körper, zum Beispiel bei Multipler Sklerose oder Rheumatoider Arthritis. In solchen Fällen muss das Immunsystem gedrosselt werden.

B

Biopsychosoziales Modell:
es betrachtet Gesundheit als Zusammenwirken von körperlichen, psychischen und sozialen Faktoren. Krankheit wiederum bedeutet eine Störung in diesem Wirkgefüge.

B-Lymphozyten:
auch B-Zellen; weiße Blutkörperchen, die zum erworbenen (spezifischen) Immunsystem gehören. Sie entwickeln sich nach Antigenkontakt zu Plasmazellen und können dann spezifische Antikörper bilden.

C

Carotinoide:
orangefarbene Pflanzenfarbstoffe in Lebensmittel. Sie aktivieren die Abwehr, indem sie etwa die Anzahl der T-Lymphozyten, der Killerzellen, erhöhen.

COPD (chronisch obstruktive Lungenerkrankung)**:**
eine Schädigung der Lunge und der Atemwege, begleitet von Husten, Auswurf und Atemnot. Vor allem durch Rauchen und Umwelteinflüsse ausgelöst.

Coronin 1:
Protein, das dafür sorgt, dass die potenten T-Zellen möglichst lange fit bleiben und ihre Schlagkraft beibehalten.

Cortisol:
Hormon, das bei Anspannung und Stress ausgeschüttet wird, das den Körper in Alarmbereitschaft versetzt und das Immunsystem unterdrückt.

F

Flavonoide:
pflanzliche Lebensmittel mit blauen, violetten, orangen und roten Wirkstoffen. Sie weisen immunmodulierende und ausgleichende Eigenschaften auf, regulieren ein überschießendes Immunsystem runter..

G

Granulozyten:
weiße Blutkörperchen, die zum angeborenen Immunsystem gehören.

H

Herpes Zoster:
Gürtelrose. Die Herpes-Viren nisten sich bei einer Windpocken-Erkrankung im Körper ein, können sich jahrzehntelang unauffällig verhalten und im Zuge einer Immunschwäche im Alter die Gürtelrose verursachen.

Hyposensibilisierung:
spezielle Therapie gegen Allergien. Dabei wird das Immunsystem langsam an die Erreger gewöhnt, damit es bei entsprechendem Kontakt nicht mehr überschießend reagiert.

I

Immunmodulation:
Beeinflussung des Immunsystems in Form einer Stärkung oder Schwächung. Letzteres macht vor allem Sinn, wenn das Immunsystem überreagiert und sich zum Beispiel gegen den eigenen Körper wendet (siehe Autoimmunerkrankung).

Immunologie:
die Lehre vom Immunsystem.

Immunoseneszenz:
die Alterung des Immunsystems.

Immunsuppression:
die Unterdrückung des Immunsystems, damit es zum Beispiel nach einer Transplantation das fremde Organ nicht abstößt.

Inflammation:
Entzündung; eine Abwehrreaktion des Organismus, die akut auftreten oder chronisch verlaufen kann.

L

Laktat:
ein Stoffwechselprodukt, das über die Sauerstoffversorgung Auskunft gibt: Ist der Laktatspiegel zu hoch, besteht eine Unterversorgung, es kommt zur „Übersäuerung“. Der Laktatspiegel ist in der Sportmedizin, aber auch in anderen Bereichen, eine wichtige Messgröße.

Leaky-Gut-Syndrom:
leaky gut = durchlässiger Darm bzw. durchlässige Darmschleimhaut. Durch diese Schädigung können unerwünschte Stoffe wie Krankheitserreger in den Körper gelangen.

Leisure Sickness:
Freizeitkrankheit - wenn man gehäuft an den freien Wochenenden oder im Urlaub erkrankt.

Leukozyten:
Überbegriff für weiße Blutkörperchen, die in der Abwehr von Krankheitserregern eine Rolle spielen.

lymphatische Organe:
Organe, in denen Lymphozyten ausgebildet und vermehrt werden. Dazu gehören z.b. Thymusdrüse, Knochenmark, Lymphknoten, Milz, Blinddarm, Mandeln u. a.

Lymphozyten:
eine Untergruppe der Leukozyten, weiße Blutkörperchen; wichtig für die Abwehr von Fremdstoffen, meistens Erregern, aber auch von veränderten körpereigenen Zellen (z. B. Tumorzellen).

M

Makrophagen:
Untergruppe der Leukozyten (weiße Blutkörperchen), wichtig für die Bekämpfung von eindringenden Erregern und Toxinen.

Melatonin:
Hormon, das in der Zirbeldrüse im Gehirn produziert wird, sobald es dunkel wird und das den Schlaf fördert – das so genannte Schlafhormon.

Mikrobiom:
die Gesamtheit aller Mikroorganismen im Menschen. Die weitaus meisten davon befinden sich im Darm.

Mikronährstoffe:
Vitamine, Mineralstoffe, Spurenelemente, Pflanzenwirkstoffe usw.

Mikroorganismen:
mikroskopisch kleine Lebewesen, wie Bakterien, Viren, Pilze.

N

Nutrazeutika:
aus dem englischen „Nutrition“ = Ernährung & „Pharmazeutikum“ = Arzneimittel. Das sind pflanzliche Lebensmittel und Hausmittel mit wissenschaftlich nachgewiesener Wirkung, die das Immunsystem nachweislich stärken.

O

Orthomolekulare Medizin:
beschäftigt sich mit der Verwendung von Mikronährstoffen zur Vermeidung oder Behandlung von Krankheiten.

P

Phagozyten:
Fresszellen, können Erreger aufnehmen und verdauen. Gehören zu den weißen Blutkörperchen, den Leukozyten.

Pneumokokken:
Bakterien, die Lungenentzündungen, Entzündungen des Mittelohrs und der Hirnhaut (Meningitis) hervorrufen können.

Präbiotika:
pflanzliche Substanzen, die weitestgehend unverändert den Magen und den Dünndarm passieren können und somit den guten Bakterien im Dickdarm Energie liefern.

Probiotika:
Nahrungsergänzungsmittel, die lebende und koloniebildende Mikroorganismen enthalten, wie z.B. Laktobazillen.

Protonenpumpenhemmer:
Medikamente, die die Produktion von Magensäure verringern, sie werden z. B. bei Sodbrennen eingesetzt. Sie können aber auch eine verringerte Aufnahme von Nährstoffen bewirken, etwa von Vitamin B 12.

Psychoneuroimmunologie:
eine Disziplin, die sich mit der Wechselwirkung von Psyche, Nervensystem und Immunsystem beschäftigt.

R

Rheumatoide Arthritis:
Autoimmunerkrankung, mit dauerhafter Entzündung von Gelenken.

S

Spezifisches Immunsystem:
das erworbene Immunsystem, das sich gegen spezielle Erreger richtet. Im Gegensatz zum angeborenen (unspezifischen) Immunsystem.

T

Thymusdrüse:
eine Drüse hinter dem Brustbein, in der die T-Zellen (Killerzellen) heranreifen.

T-Lymphozyten (auch T-Zellen oder Killerzellen genannt)**:**
bestimmte Gruppe von weißen Blutkörperchen, gehören zum spezifischen Immunsystem, reifen in der Thymusdrüse heran.

U

Unspezifisches Immunsystem:
das angeborene Immunsystem.

Literatur- und Quellenangaben

Im Folgenden finden Sie eine kleine, aber feine Auswahl an Literaturempfehlungen.

Wie das Immunsystem altert

Über die Veränderungen im Alter siehe
Weiler, Peter/Bauer, Wolfgang: Weniger Pillen, mehr vom Leben. Sinnvoller Medikamenteneinsatz im Alter. Verlagshaus der Ärzte 2017

Was mit dem Älterwerden alles mehr wird, erfährt man zum Beispiel unter
https://www.seniors4success.at/
Es handelt sich um eine Plattform, die sich zum Ziel gesetzt hat, Menschen im Ruhestand zu ermutigen, eigene Potenziale und Interessen zu entdecken, um auch nach der Pensionierung in irgendeiner Form zu arbeiten.

Gruber, Karin: Wie wir alt werden und jung bleiben. Spermidin als Chance. Verlagshaus der Ärzte 2021.
Das Buch bietet unter anderem einen umfassenden Überblick über die verschiedenen Theorien des Alterns.

Du Mont, Sky; Ungeschönt. Alt werden war auch schon mal schlimmer. Herder 2022

Ernährung für das Immunsystem

Buchart, Karin: Nutrazeutika. Pflanzliche Lebensmittel mit Wirkung. Indikation – Zubereiten – Anwenden. Springer Verlag 2023

Buchart, Karin: Nutrazeutika. Heilende Nahrungsmittel, Kräuter und Gewürze. Pflanzliche Hausmittel gezielt einsetzen für Immunsystem, Darm, Haut, Atemwege und Harnwege. Trias Verlag 2023

DiNicolantonio, James/Land, Slim: Der Immunguide. Warum das Immunsystem Ursache vieler Krankheiten ist. Wie man es heilt. Millemari 2021

Reckel, Jörn/Bauer Wolfgang: Darm krank – alles krank. Hilfe mit ganzheitlicher Therapie. 2., aktualisierte und erweiterte Auflage, Verlagshaus der Ärzte 2018.

Stossier, Harald/Stossier, Georg: Ernährung. Worauf es wirklich ankommt. 2. Auflage, Verlagshaus der Ärzte 2022

Bewegung und Sport für das Immunsystem

Bewegungsempfehlungen finden Sie bei der Österreichischen Gesellschaft für Sportmedizin und Prävention (ÖGSMP):
www.sportmedizingesellschaft.at/downloads

Beispiele für die konkrete Umsetzung der Empfehlungen bieten die Folder des Fonds Gesundes Österreich: https://fgoe.org/medien/Broschüren-Folder-Plakate

Stress und das Immunsystem

Tausch, Reinhard: Hilfen bei Stress und Belastung. Was wir für unsere Gesundheit tun können, Rowohlt 1996

Weinzierl, Marlene: „Psychoneuroimmunologie: Krank durch Kränkung".
in: Österreichische Ärztezeitung Nr. 3 / 10.02.2017
www.aerztezeitung.at

Schlaf und das Immunsystem

Wissenswertes rund ums Thema Schlafmedizin sowie eine Liste akkreditierter Schlaflabore liefert die Österreichische Gesellschaft für Schlafmedizin und Schlafforschung (ÖGSM) auf Ihrer Website: www.schlafmedizin.at

Kirschbichler, Karin: „Gut schlafen kann man (wieder) lernen"
in: „Medizin populär", Oktober 2010
www.medizinpopulaer.at

Frank Luerweg: Warum Senioren schlecht schlafen
in: Spektrum der Wissenschaft – Die Woche Nr. 2 / 12.01.2023, www.spektrum.de

Schlafmangel beeinträchtigt Funktion der T-Zellen.
Englisches Originalpaper: Dimitrov, S. u. a.: Gαs-coupled receptor signaling and sleep regulate integrin activation of human antigen-specific T cells.
Journal of Experimental Medicine, 2019, 216 (3): 517–526,
http://jem.rupress.org/cgi/doi/10.1084/jem.20181169

Immuntraining mit Kneipp-Anwendungen

Dokumentation im BR-Fernsehen: „Wasserdoktor, Kräuterpfarrer, Trendsetter Sebastian Kneipp zum 200. Geburtstag" (abrufbar unter ardmediathek.de, zuletzt gesehen am 06.08.2023)

Gasperl, Hans: Das große Kneipp-Buch. Servus-Verlag 2021Über die gesunden Eigenschaften des Wassers: Marktl, Wolfgang/Reiter, Bettina (Hg.): Wasser. Heilmittel – Lebenselixier – Informationsträger. Verlagshaus der Ärzte 2007

Originalarbeiten zu Kneipp-Effekten (Interview mit Frau Dr. Regina Webersberger):
Buijze, G. A. u. a.: The effect of cold showering on health and work: A Randomized

Controlled Trial. PLoS One 2016; 11(9): e0161749
https://doi.org/10.1371/journal.pone.0161749

Goedsche, K.: Prospektive, kontrollierte klinische Studie zum Einfluß serieller Kaltwasserreize (Kneippscher Oberguß) auf die Lungenfunktion, die Immunabwehr und die Befindlichkeit von Patienten mit chronisch obstuktiver Bronchitis (COPD) Dissertation an der Medizinischen Fakultät der Friedrich-Schiller-Universität Jena, 01.11.2005
https://www.db-thueringen.de/receive/dbt_mods_00005217

Kreutzfeldt, A. u. a.: Einfluss des Wassertretens nach Kneipp auf die Immunregulation in: Physikalische Medizin, Rehabilitationsmedizin, Kurortmedizin 04/2003; 13(4): 208-214, Georg Thieme Verlag

Systematische Übersichtsarbeit der Studien zu den Effekten der Kneipp-Therapie aus den Jahren 2000 bis 2019: effektederkneipptherapie.pdf

Musik und das Immunsystem

Bernatzky, Günther/Kreutz, Gunter: Musik und Medizin. Chancen für Therapie, Prävention und Bildung. Springer 2015

Kieslinger, Klaus-Dieter/Bauer Wolfgang: Polyneuropathie. Wenn Nerven schmerzen. Verlagshaus der Ärzte 2020

Originalarbeiten zum Interview von Frau Dr. Marie-Christine Klettner:
Bartlett, D. u. a.: The effects of music listening and perceived sensory experiences on the immune system as measured by interleukin-1 and cortisol. Journal of Music Therapy, 1993. 30(4): p. 194-209
Fu, V. X. u. a.: The effect of perioperative music on the stress response to surgery: a meta-analysis. Journal of surgical research, 2019. 244: p. 444-455

Kuhn, D.: The effects of active and passive participation in musical activity on the immune system as measured by salivary immunoglobulin A (SlgA). Journal of Music Therapy, 2002. 39(1): p. 30-39

Rebecchini, L.: Music, mental health, and immunity. Brain, Behavior, & Immunity Health, 2021. 18: p. 100374

Grebosz-Haring, K. and L. Thun-Hohenstein: Effects of group singing versus group music listening on hospitalized children and adolescents with mental disorders: A pilot study. Heliyon, 2018. 4(12): p. e01014

Burrai, F. u. a.: Beneficial effects of listening to classical music in patients with heart failure: a randomized controlled trial. Journal of cardiac failure, 2020. 26(7): p. 541- 549
McCraty, R. u. a.: The effects of different types of music on mood, tension, and mental clarity. Alternative therapies in health and medicine, 1998. 4(1): p. 75-84

Coffman, D.D.: Music and quality of life in older adults. Psychomusicology: A Journal of Research in Music Cognition, 2002. 18(1-2): p. 76

Quach, J. and J.-A. Lee: Do music therapies reduce depressive symptoms and improve QOL in older adults with chronic disease? Nursing 2022, 2017. 47(6): p. 58-63

Creech, A. u. a.: The power of music in the lives of older adults. Research studies in music education, 2013. 35(1): p. 87-102

Sixsmith, A. and G. Gibson: Music and the wellbeing of people with dementia. Ageing & Society, 2007. 27(1): p. 127-145

Glei, D.A. u. a.: Participating in social activities helps preserve cognitive function: an analysis of a longitudinal, population-based study of the elderly. International journal of epidemiology, 2005. 34(4): p. 864-871

Dahan-Oliel, N. u. a.: Social participation in the elderly: What does the literature tell us? Critical Reviews™ in Physical and Rehabilitation Medicine, 2008. 20(2)

Raglio, A. u. a.: Efficacy of music therapy in the treatment of behavioral and psychiatric symptoms of dementia. Alzheimer Disease & Associated Disorders, 2008. 22(2): p. 158-162

Yakupov, E. u. a.: Music therapy as an effective method of neurorehabilitation. Zh Nevrol Psikhiatr Im S S Korsakova,, 2017. 117(5): p. 14-21

Monsalve-Duarte, S. u. a.: Music therapy and music medicine interventions with adult burn patients: A systematic review and meta-analysis. Burns, 2022. 48(3): p. 510-521

Chronische Krankheiten und Immunsystem

Weiler, Peter/Bauer, Wolfgang: Weniger Pillen, mehr vom Leben. Sinnvoller Medikamenteneinsatz im Alter. Verlagshaus der Ärzte 2017

Informationen zu allgemein empfohlenen Impfungen bzw. Impfungen für spezielle Personengruppen:
https://www.gesundheit.gv.at/leben/gesundheitsvorsorge/impfungen.html

Eierverzehr und kardiometabolische Erkrankungen:
Maretzke F, Lorkowski S, Eger S.: Ernährungs Umschau, Heft 1+2, 2020

online abrufbar unter:
https://www.ernaehrungs-umschau.de/print-artikel/15-01-2020-eierverzehr-und-kardiometabolische-erkrankungen-eine-bestandsaufnahme-teil-1/#
bzw.
https://www.ernaehrungs-umschau.de/fileadmin/Ernaehrungs-Umschau/pdfs/pdf_2020/02_20/EU02_2020_M74_M79_neu.pdf

Abbildungsverzeichnis

S. 36, 105: privat
S. 62 oben: Michael Brauer
S. 79: Sportordination
S. 92, 141: privat
S. 111: GMR Fotografen GmbH
S. 121: Atelier_Oczlon
S. 146: beide privat

gettyimages:
S. 3, 5, 9: Aleksei Naumov, ANDRII SHESHEL, modif.
S. 6, 7, 8, 14, 22, 23, 46, 47, 50: Aleksei Naumov, modif.
S. 25: Halfpoint Images
S. 27: SolStock
S. 35: the_burtons
S. 40: bymuratdeniz
S. 43: Halfpoint Images
S. 49: AleksandarNakic
S. 52: kbeis
S. 55: fstop123
S. 57: RealPeopleGroup
S. 58: Westend61
S. 61, 62 unten, 63, 64: TatianaDavidova
S. 69: fcafotodigital
S. 73: Westend61
S. 75: Halfpoint Images
S. 77: VisualCommunications
S. 81: ANDRII SHESHEL modif.,
S. 86: Laurie Ambrose
S. 91: AlonzoDesign
S. 101: blue sky in my pocket
S. 110 Wataru Yanagida
S. 117: LianeM
S. 120: Fotosearch
S. 127: skynesher
S. 135: Hirurg
S. 137: Thomas Barwick
S. 140: Ira T. Nicolai
S. 145: skynesher
S. 147: ViewStock